人工智能与机器人系列

自动驾驶汽车技术导论

Introduction to Self-Driving Vehicle Technology

［德］汉基·沙弗里　著
Hanky Sjafrie

吴中红　石章松　程锦房　译

西安交通大学出版社
XI'AN JIAOTONG UNIVERSITY PRESS

Introduction to Self – Driving Vehicle Technology
ISBN:9780367321260
Copyright © 2020 by Taylor & Francis Group, LLC
CRC Press is an imprint of Taylor & Francis Group, an informa business.
All rights reserved. Authorized translation from the English language edition published by CRC Press, a member of the Taylor & Francis Group, LLC. This translation published under license. Copies of this book sold without a Taylor & Francis sticker on the cover are unauthorized and illegal.

本书中文简体字版由泰勒-弗朗西斯集团有限责任公司授权西安交通大学出版社独家出版发行。未经出版者预先书面许可，不得以任何方式复制或发行本书的任何部分。
本书如未贴有泰勒-弗朗西斯集团有限责任公司防伪标签而销售是未经授权和非法的。
陕西省版权局著作权合同登记号：25－2020－058

自动驾驶汽车技术导论／（德）汉基·沙弗里著；吴中红，石章松，程锦房译. -- 西安：西安交通大学出版社，2024.5
（人工智能与机器人系列）
书名原文：Introduction to Self – Driving Vehicle Technology
ISBN 978－7－5693－3524－8

Ⅰ.①自… Ⅱ.①汉… ②吴… ③石… ④程… Ⅲ.①汽车驾驶—自动驾驶系统 Ⅳ.①U463.61
中国国家版本馆 CIP 数据核字（2023）第 216380 号

书　　名	自动驾驶汽车技术导论 ZIDONG JIASHI QICHE JISHU DAOLUN
著　　者	［德］汉基·沙弗里
译　　者	吴中红　石章松　程锦房
责任编辑	李　颖
责任印制	张春荣　刘　攀
责任校对	鲍　媛
封面设计	任加盟
出版发行	西安交通大学出版社 （西安市兴庆南路1号 邮政编码 710048）
网　　址	http://www.xjtupress.com
电　　话	（029）82668357　82667874（市场营销中心） （029）82668315（总编办）
传　　真	（029）82668280
印　　刷	陕西思维印务有限公司
开　　本	720 mm×1000 mm　1/16　印张 12.125　字数 216千字
版次印次	2024年5月第1版　2024年5月第1次印刷
书　　号	ISBN 978－7－5693－3524－8
定　　价	99.00元

如发现印装质量问题，请与本社市场营销中心联系。
订购热线：（029）82665248　（029）82667874
投稿热线：（029）82665397
读者信箱：banquan1809@126.com

版权所有　侵权必究

序 言

自动驾驶汽车(self-driving vehicle,SDV)是当前非常热门的话题。然而,SDV 基于复杂的技术,想要掌握其工作原理具有一定难度。本书旨在传授实现 SDV 技术的核心概念。相较于一些浮于表面的书籍,本书提供真正的技术见解来帮助那些想深入了解 SDV 技术的读者。

如果你是一名软件开发人员或专业工程师,渴望在这一令人兴奋的领域有所作为,并想了解更多关于 SDV 算法的基础知识,那么这本书将是一个很好的起点。同样,如果你是一名学术研究者,热衷于应用你在 SDV 方面的专业知识,并且想知道构建一个 SDV 原型机需要什么,那么这本书能够回答你的问题。同时本书也适用于所有想要对 SDV 技术有整体了解的爱好者,它涵盖了从传感器和感知到功能安全和网络安全的所有基础知识,还对 SDV 的一些实际应用进行了讨论。

遗憾的是,在这个新兴行业中,人们明显不愿透露技术细节,大多数 SDV 公司都不愿意分享他们的系统细节或他们在测试汽车时收集的数据,因为这些数据在汽车自主驾驶的竞争中被认为是极有价值的商品。希望本书能在某种程度上调节信息共享中的不平衡。

致 谢

撰写一本技术尚处于起步阶段的书籍,从来不是一件容易的事。本书的撰写完成,得益于许多杰出的科学家和无数辛勤工作的行业专业人士的努力,他们开创了自动驾驶汽车技术的研发。我衷心地感谢他们,他们夜以继日地工作,使这项技术更接近现实。

首先,我想要向我的妻子海迪(Heidi)、孩子雨果(Hugo)和海伦妮(Helene)致以最深的感谢。没有他们一直以来在许多个周末对我写作给予的鼓励和支持,也许就没有本书的顺利完成。

然后,我想向本书的技术审阅人斯蒂芬·施利希塔黑勒(Stefan Schlichthaerle)、丹尼尔·施沃雷尔(Daniel Schwoerer)、穆罕默德·凯末尔(Mohamed Kemal)、米格尔·朱莉娅(Miguel Julia)、马丁·施沃尔(Martin Schwoerer)及莱因哈德·米勒(Reinhard Miller)致以特别的感谢。对于他们的努力及在百忙之中抽出时间对本书提出建议致以深深的感谢。

对于本书的高级策划编辑兰迪·科恩(Randi Cohen),我的谢意无以言表,没有他的个人投入及持续的协助,本书不可能如此顺利地出版。

我要向本书的插图绘制者卡尔帕纳·塔特(Kalpana Tarte)表示深深的感激。对于本书的插图,她付出了巨大的努力。感谢我的技术编辑,杰森·西奥菲勒斯(Jason Theophilus)、詹姆斯·汉弗莱(James Humphrey)及托比·蒙卡斯特(Toby Moncaster),他们在本书的出版过程中,将全书复杂的技术论述转换为便于理解的文字表示。对于在本书筹划阶级给予指导的安妮塔·拉赫马特(Anita Rachmat),我也要表示衷心感谢。

最后同样重要的是,我要向我的诸多朋友和同事致以诚挚的谢意,在此无法一一罗列他们的名字。对于他们这些年来的支持、指导和鼓励,我表示十分感谢。

作者简介

汉基·沙弗里(Hanky Sjafrie),德国 SGEC 公司首席执行官。SGEC 公司是一家独立的工程咨询公司,专注于研发高级驾驶员辅助系统(advanced driver assistance systems,ADAS)和自动驾驶(autonomous driving,AD)技术。他在深度参与汽车制造商和汽车技术供应商的各种研发项目时,获得了从传感器技术(如雷达、激光雷达、超声波等)到汽车网络安全的多方面经验。

在加入 SGEC 之前,他曾与宝马、奥迪及硅谷的自动驾驶初创公司合作,涉及 ADAS、AD 和信息娱乐系统在内的各种系列研发项目。除了与汽车行业的客户合作外,他还为西门子、波士顿咨询集团、普华永道和罗兰·贝格等公司提供有关汽车技术领域的见解。

目　录

第 1 章　概述 ……………………………………………………………（1）
1.1　SDV 技术简史 …………………………………………………（1）
1.2　什么是 SDV？ …………………………………………………（2）
1.3　SDV 技术的优势 ………………………………………………（4）
1.4　为什么还需要一本关于自动驾驶汽车的书？ ………………（5）
1.5　本书目标读者 …………………………………………………（5）
1.6　本书结构 ………………………………………………………（5）
1.7　免责声明 ………………………………………………………（6）
参考文献 ………………………………………………………………（6）

第 2 章　硬件 ……………………………………………………………（8）
2.1　传感器 …………………………………………………………（8）
2.2　计算平台 ………………………………………………………（26）
2.3　执行器接口 ……………………………………………………（29）
2.4　车载网络 ………………………………………………………（32）
2.5　小结 ……………………………………………………………（33）
参考文献 ………………………………………………………………（34）

第 3 章　感知 ……………………………………………………………（36）
3.1　定位 ……………………………………………………………（37）
3.2　建图 ……………………………………………………………（43）
3.3　SLAM …………………………………………………………（45）
3.4　目标检测 ………………………………………………………（57）
3.5　多传感器数据融合 ……………………………………………（65）
3.6　小结 ……………………………………………………………（72）
参考文献 ………………………………………………………………（73）

第 4 章 架构 (79)

- 4.1 功能架构 (79)
- 4.2 系统架构 (88)
- 4.3 典型的 SDV 中间件 (89)
- 4.4 小结 (95)
- 参考文献 (97)

第 5 章 集成 (99)

- 5.1 准备工作 (99)
- 5.2 开发 (102)
- 5.3 测试 (114)
- 5.4 小结 (117)
- 参考文献 (118)

第 6 章 其他技术 (120)

- 6.1 功能安全 (120)
- 6.2 网络安全 (127)
- 6.3 V2X (139)
- 6.4 后端系统 (147)
- 6.5 小结 (150)
- 参考文献 (151)

第 7 章 应用与展望 (156)

- 7.1 SDV 技术的应用 (156)
- 7.2 SDV 的发展战略趋势 (163)
- 7.3 SDV 的深度学习趋势 (166)
- 7.4 小结 (170)
- 参考文献 (171)

索引 (175)

第1章
概述

几个世纪以来,人们梦想着飞向月球。但直到美苏冷战期间,美国和苏联才最终拥有太空能力,使这一梦想成为现实。

自动驾驶汽车(self-driving vehicle,SDV)的概念也可以追溯到很久以前,最早出现在1478年前后的历史记载中。从那以后的6个世纪里,有关SDV的想法经常被一些人视为荒谬的说法而不屑一顾,而另一些人则将其视为梦想。但现在,SDV发展的趋势正在形成,像20世纪50年代末的太空旅行一样,曾经看起来遥不可及的事情正以惊人的速度发展。

为了给全自动汽车时代奠定基础,人们付出了巨大的努力,几乎每天都有汽车制造商、科技公司、政策制定者、保险经纪人或基础建设公司发布最新的进展。

本书从技术的角度讨论SDV,详细解释了什么是SDV及如何开发它,同时提供了大量深入的工程见解。

1.1 SDV技术简史

SDV的概念可能看起来像是一个纯粹的现代产物,但一幅500多年前由达芬奇(Da Vinci)绘制的草图却暗示了另一种情况。这幅图展示了一辆由盘绕弹簧驱动的自行式手推车,其特点是基于木桩的排列能够进行可编程转向。2004年,佛罗伦萨科学史研究所和博物馆馆长保罗·加卢齐(Paolo Galluzzi)负责了一个项目,以达芬奇在1478年的设计为基础,建立了一个模型[1]。一段视频展示了他们精心制作的机器运转的场景。这项设计通常被认为是第一个自动行进车辆和可编程机器的例子,因为它没有驾驶员,所以也可以被视为世界上第一个机器人车辆。

---

① 边码为英文原书页码,供索引使用。——编者注

在 1939 年的纽约世界博览会上，由通用汽车公司赞助的未来主题展再次出现了 SDV 的概念。这个装置展示了自动驾驶汽车在高速公路系统上运行的情景，启发了公众对未来 20 年世界的想象。16 年后，通用汽车公司在其名为《未来的关键》(Key to the Future) 的音乐短片中扩展了智能交通和无人驾驶汽车的主题。1956 年，在超过 220 万名观众参加的 Motorama 汽车展上展出了一部电影，这部电影讲述了一个快乐的家庭享受自动驾驶汽车的奇迹[2]。

又过了半个世纪，随着 2005 年美国国防部举办的 DARPA 大挑战赛和 2007 年的 DARPA 城市挑战赛的举办，自动驾驶的发展势头锐不可当。参赛团队被要求制造一辆无人驾驶汽车，并在规定的时间内完成比赛。这对汽车软件和机器人等技术的发展起到了重大的推动作用，并成为标志着 SDV 领域技术进步的一个转折点。从那时起，宝马、奥迪、戴姆勒、谷歌、特斯拉、优步、百度和其他公司不断以各种方式推进自动驾驶技术。

与此同时，许多国家的执政者开始准备为未来的自动驾驶制定新的法案。从保险和标准到基础设施，整个汽车生态系统在迎接未来变革方面发挥着积极作用。

1.2　什么是 SDV？

如何描述一辆自动驾驶或者无人驾驶的汽车，不同的人会有不同的说法。有的人会说是完全自主行进，完全不需要驾驶员；有的人认为是按照既定的决策行进，但仍然需要人类驾驶员在紧急情况下进行操作。

SDV 的整个概念似乎异常复杂，但其背后的理念却相当简单，完全属于当前技术的范畴。考虑一下驾驶汽车的过程。最开始，你选择目的地并决定如何从出发点到达指定位置；然后，你开始驾车，始终保持眼睛注意周围环境，它们包括静止物体（建筑、树、路标、停着的车等）和运动物体（行人、移动的车、动物等）。不时地，这些物体中的某一个可能会挡在路上，此时需要你做出反应。同时，作为驾驶员，你在遵守道路交通规则的同时，需要使用汽车内所有可用的装置将其转到合适的方向。

按照上述驾驶汽车的方式，似乎其中的一些步骤可以在没有人为干预的情况下完成。事实上，今天我们周围很多的交通工具在某种程度上是自动化的。飞机、火车和轮船都有一定程度的自主性。通过应用我们现有的算力，并将其与可靠的传感器、智能算法及其他组件相结合，就有可能实现自动驾驶。

为了给 SDV 行业提供透明和公平的竞争环境，美国国家公路交通安全管理局

(US National Highway Traffic Safety Administration,NHTSA)和德国联邦交通研究所(German Federal Highway Research Institute,BASt)根据 SDV 的自动化程度发布了 SDV 的定义。最广泛使用的是由国际汽车工程师学会(Society of Automotive Engineers International,SAE)出版的 J3016 标准[3],该标准描述了从无自动化到完全自动化的 6 个级别,如表 1.1 所示。

表 1.1 SAE 自动驾驶等级

自动驾驶等级	简称	纵向/横向控制	驾驶环境监控	后备状态控制	系统作用域
0	无自动化	人	人	人	无
1	辅助驾驶	人、系统	人	人	部分
2	部分自动化	系统	人	人	部分
3	有条件自动化	系统	系统	人	部分
4	高度自动化	系统	系统	系统	部分
5	完全自动化	系统	系统	系统	全部

参考文献:"Definitions for terms related to driving automation systems for on – road motor vehicles", by SAE International,2016,SAE Standard J3016. © 2016 SAE International.

- 0 级。该等级系统从 0 级开始,驾驶员进入驾驶状态,并时刻关注汽车各方面的工作情况,汽车系统仅在警告状态下施加干预。
- 1 级。增加了辅助驾驶功能,使系统能够接管横向(转向)或纵向(加速/减速)控制,而驾驶员仍然需要决定什么时候这样做并且负责持续监控汽车,必要时手动控制系统。这是现在大部分汽车达到的水平。
- 2 级。实现了部分自动化,是汽车能够自动移动的第一级,在系统定义的使用情况下接管横向和纵向控制。同样,驾驶员必须持续监控正在发生的情况,并随时准备手动接管系统。
- 3 级。这是有条件自动化,是一个重要的进步,除了接管横向和纵向控制外,该系统还能够识别其处理极限并通知驾驶员。驾驶员不再需要时刻关注汽车状况,但必须准备好在系统提出请求时在给定时间范围内手动接管系统。
- 4 级。这是高度自动化,系统能够在定义的使用情况下接管所有操作,并且驾驶员不需要时刻关注车况或者准备手动接管。
- 5 级。这是完全自动化,系统在所有的使用情况下都会接管整个动态驾驶任务,它能够在无须任何乘客干预的情况下使一辆功能齐全的车从起点行驶到目的地。

1.3 SDV 技术的优势

达到 SAE 5 级将使道路更安全。对自动驾驶汽车来说,它们不会感到疲劳或分心,不喝酒,也不会违反交通规则;与人类相比,它们思考更快。所有这些因素都使得自动驾驶汽车能够避免人为错误,从而减少道路上的事故、死亡和受伤人数。美国国家公路交通安全管理局的数据表明,94%的事故是由驾驶员造成的[4],因此 SDV 技术显然有提高安全性的潜力。事故的减少也意味着更低的保险费。

SDV 技术同样可以为乘客腾出时间。现在大多数的汽车使用者都是乘客(非驾驶员),这意味着他们可以在汽车把他们带到目的地的时间里做家务、进行娱乐或者小睡一会儿。

消除人为因素还会优化驾驶行为并改善交通流量,缓解拥堵,这样也会带来经济效益和环境效益,并降低人们的健康风险,尤其是与电动汽车技术相结合时。根据忧思科学家联盟(The Union of Concerned Scientists)的说法[5],超过一半的一氧化碳和氮氧化物是由常规的交通运输造成的。虽然许多自动驾驶汽车可能依然排放污染物,但它们效率的提高标志着朝着更清洁的未来迈进了一大步。

归根结底,SDV 技术对环境是好是坏的问题将取决于尚未做出的技术和政策选择。根据美国能源部(U.S. Department of Energy,DOE)的研究[6],自动化汽车可以将运输过程中的能源消耗降低 90% 或增加 200% 以上。这一差异很重要,据美国环境保护署(U.S. Environmental Protection Agency,EPA)称,超过四分之一的温室气体排放来自运输部门。美国国家可再生能源实验室(National Renewable Energy Laboratory,NREL)的交通研究员杰夫·冈德(Jeff Gonder)说:"如果你研究全车自动化,那么对于能源使用要么会有巨大的正面影响,要么会大幅增加能耗。"[7]

自动驾驶领域的技术进步也将有助于其他领域的发展。驾驶将具有新的意义,改变人们对道路、通勤和旅行的看法。优步(Uber)和来福车(Lyft)等打车应用已经打破了出租车的现状,而现在 SDV 技术有望进一步推动这一领域的发展。自动驾驶应用不仅限于汽车行业,还可能对农业、快递公司甚至安全部门等领域产生深远影响。

1.4 为什么还需要一本关于自动驾驶汽车的书?

在撰写本书时(2019 年),已有很多书描述了自动驾驶在未来可能产生的影响(社会、法律等),但很少有书对 SDV 技术进行任何深入的讲解。这本书的主要目的是讲解制造一辆自动驾驶汽车在技术方面的问题。本书有许多实用的例子,这些例子都是从作者在该领域的专业经验和广泛的其他资源中提取而来的。

最后,本书尝试填补自动驾驶行业缺乏技术性书籍的空白,相较于非技术性书籍,本书涵盖了自动驾驶领域更广泛的概念,是专门为工程专业人士编写的深入的技术手册。

1.5 本书目标读者

本书目标读者为技术爱好者及其他任何对开发 SDV 感兴趣的人,可以是前沿技术的追随者,也可以是热衷于参与到这个快节奏行业的学生、行业专业人士、创新者、初创企业创始人或者投资者。这一新兴领域的机会不仅局限于汽车本身,还包括决策者、保险公司、基础设施公司、网络安全专家、机械工程师、电气工程师、计算机科学家等。同样,这本书也将极大地帮助技术类记者快速了解该领域。

构建一个 SAE 5 级的 SDV 系统就像完成一个有数千块的拼图。近年来,技术进步填补了许多空白,但仍有许多问题没有解决。其中一些是技术性的,但另一些涉及社会、法律或伦理问题。完成这个拼图需要来自不同学科的人,仅从技术方面来说,包括机械工程师、电气工程师、软件开发人员、网络安全专家和计算机科学家。

1.6 本书结构

为了简单起见,本书的核心分为三个部分:硬件、软件和系统整合。首先,第 2 章分析了可用于自动驾驶的不同类型的硬件,讨论为什么需要组成系统的每个元件,以及它们是如何工作的。之后,第 3 章和第 4 章介绍了软件组件。第 5 章讨论了如何将软硬件结合在一起来开发一款自动驾驶汽车。第 6 章对后端系统和网络安全等问题进行了更广泛的研究。最后,第 7 章围绕目前这一领域的战略和应用进行总结和前瞻。

1.7 免责声明

本书由该领域的一名从业者书写。这意味着本书提供了一定程度的技术知识,可作为开发自动驾驶汽车的基础。

一定要记住,乘用车等汽车是极其复杂的技术产品,是经数百万人时(person hours)专业研发和测试而得到的结果。不当操作或处理汽车部件可能会造成严重人员伤害或死亡,必须由合格的技术人员进行操作。

在某些国家,未经特别许可改装汽车是违法的,这么做可能会对你或他人造成伤害。例如,在德国,所有新型汽车或批准生产汽车的定制改装都需要获得官方认证机构如技术检验协会(Technischer Überwachungsverein,TÜV)的明确技术批准。

对汽车的任何定制改装一定会使你的汽车保修失效,并可能对汽车造成永久损坏。

此外,在公共道路上测试 SDV 通常需要获得当地交通部门的特别许可。许多国家和地区禁止在公共道路上测试此类汽车。

请记住,本书为了简洁起见,省略了很多细节,没有提供安全开发 SDV 原型机所需技术的详尽清单,更不必说生产级汽车的相关技术。

参考文献

P.9 [1] Flynn P L. Leonardo da vinci's car. http://www.leonardodavincisinventions.com/mechanical-inventions/leonardo-da-vincis-car/. [Online; accessed 20-May-2018].

[2] Wikipedia contributors. General motors motorama: Wikipedia, the free encyclopedia. https://en.wikipedia.org/wiki/General_Motors_Motorama, 2019. [Online; accessed 07-Nov-2018].

[3] Taxonomy S A E. Definitions for terms related to driving automation systems for on-road motor vehicles. SAE Standard J, 3016, 2016.

[4] Santokh Singh. Critical reasons for crashes investigated in the national motor vehicle crash causation survey. Technical report, National Highway Traffic Safety Adminis-

tration, 2015.

[5] UCS. Vehicles, air pollution, and human health. http://www.ucsusa.org/clean-vehicles/vehicles-air-pollution-and-human-health [Online; accessed 24-Dec-2018].

[6] Austin Brown, Brittany Repac, and Jeff Gonder. Autonomous vehicles have a wide range of possible energy impacts. Technical report, NREL, University of Maryland, 2013.

[7] Justin Worland. Self-driving cars could help save the environment or ruin it. http://time.com/4476614/self-driving-cars-environment/. [Online; accessed 08-Jan-2018].

第 2 章
硬件

在本章中,我们将了解实现完全自动驾驶的硬件组件,将其简单地分为三大类:传感器、计算平台和执行器接口。

组成标准汽车的机械组件不是本书的关注点,因此本章不包含对发动机、变速器、动力传动系和悬挂等系统的说明。为了简洁起见,我们假设所有这些系统都由一个或更多的电子控制单元(electronic control units,ECU)控制,这些电子控制单元负责确保其安全和功能正常。例如,当执行器接口(在本章后面描述)发送方向盘指令将方向盘向左转动一定度数时,假定电子控制单元能够正确解译该指令并进行一系列内部操作来执行该命令,并且可以控制终端输出。

本书的关注点在于实现自动驾驶需要的新技术。让我们从自动驾驶的眼睛和耳朵——传感器开始。

2.1 传感器

制造自动驾驶汽车的第一步是让它了解周围环境,而传感器无疑是实现这一目标最重要的途径。基本上有两种类型的传感器:被动传感器和主动传感器。

被动传感器的工作原理是吸收周围的能量,而主动传感器则向环境中发射某种形式的能量,并接收和测量反射信号。例如,摄像头是被动传感器,而雷达和激光雷达是主动传感器。主动传感器在不同环境条件下的工作能力取决于它们特定的工作模式,比如激光雷达可以在暗处工作而摄像头显然不行,尽管它们都依靠光能工作。无论采用哪种技术,主动传感器都必须能够处理来自环境的噪声和干扰。

除了感知外部环境,自动驾驶汽车还需要测量其内部状态。测量汽车内部状态的传感器称为本体感知传感器,而使汽车"看到"外部状态的传感器称为外部感知传感器。SDV 通常都要使用这两种类型的传感器来计算汽车相对于周围环境的位置。重要的是，SDV 可以完全基于本体感知传感器的数据来计算位置，因为来自外部感知传感器的信息不可能总是可用的。

每个传感器都有其独特的特性，这些特性决定了它的复杂程度。有些传感器很容易安装在汽车上，因为它们被设计用于单一用途，所以能力和复杂性有限。触觉传感器、运动传感器和航向传感器通常都属于这一类。其他传感器更为复杂，需要使用算法来充分挖掘它们提供信息的潜力，这类传感器通常依赖于更难控制和检测的能量形式，包括主动测距传感器（超声波传感器）、运动/速度传感器（多普勒雷达）和视觉传感器（摄像头）。它们的复杂性是有回报的：它们提供了更广泛的、更充足的信息，并具有更广阔的操作空间，有些甚至可以用于多种用途，例如同时测距和探测。

SDV 传感器可以收集数据并将其传递给计算平台，之后计算平台分析数据并确定汽车下一步应采取的行动。一般来说，传感器只是功能链路的一部分，它们通常需要搭配一些软件组件和工具，来处理原始传感器的数据以赋予其意义，从而使汽车能够利用这些信息进行决策。这种支持软件组件和工具的组合形成了我们所谓的中间件，即系统架构的中间层，在硬件（传感器和执行器）和 SDV 算法之间架起桥梁。我们将在第 4 章中对中间件和 SDV 软件进行更详细的讨论。

在这种情况下，SDV 开发人员面临三个方面的任务：第一，设计一个最佳的传感器配置，考虑功能、成本、汽车设计和其他因素；第二，应用能够处理这些数据的 SDV 算法和其他工具，做出最佳决策来实现既定目标；第三，指示汽车平台所需执行的操作。简单地说，这就是开发一款成功的自动驾驶汽车的路线图。这似乎是一项艰巨的任务，但实现它的能力最终源于对每个组件如何工作的清晰理解。

2.1.1 需要考虑的关键问题

有这么多不同类型和型号的传感器可用，那么我们如何为 SDV 选择一个最佳配置呢？

一种方法是观察我们周围的世界。大自然告诉我们，每一个有机体都有在其自然栖息地生存和繁衍所需的一套器官。例如，蝙蝠在夜间活动，因此它们依靠声呐回声定位来感知周围环境。相比之下，老鹰利用其非凡的视力在很远的距离外发现猎物，然而鹰的眼睛在黑暗中几乎毫无用处。同样的原则也适用于为 SDV 选择传感器的任务，它要求我们仔细考虑汽车工作的条件和环境。例如，远程雷达对于在高速公路上行驶的自动驾驶的私家车来说可能是必不可少的，但是可以说，它不太适合用于最后一公里配送①的自动驾驶技术,因为它们需要探测到附近尽可能多的障碍物。同样,全球导航卫星系统(Global Navigation Satellite System,GNSS)对室外运行的 SDV 是有用的,但对于室内的 SDV 几乎没有作用。

然而,传感器配置不仅仅是功能的问题,还有成本的问题。一些传感器,如激光雷达,仍然相对昂贵,低端车型可能会排除它。如果成本过高,我们必须有效利用其他更容易获得的传感器,来补偿某种特定传感器的不足。无论我们最终选择哪种类型的传感器,都必须确保汽车有足够的算力可同时处理来自所有传感器的数据。

另一个需要考虑的关键问题是汽车的外观设计和美学,特别是在自动驾驶乘用车领域,美学考虑仍在客户的购买决策中起着重要作用。选用正确的传感器并在不影响汽车外观设计的情况下将它们放置在车上是一个挑战,这是对外形和功能的权衡。

2.1.2 传感器种类

没有完美的传感器,因此开发人员通常使用各种类型传感器的组合,如图 2.1 所示。即使在特定的传感器类别中,不同品牌和型号之间也存在细微差异,这必须加以考虑。因此,充分了解每种传感器的优点和局限性是在各种情况下选择出最佳方案的关键先决条件。让我们仔细看看 SDV 中常用的各种传感器。

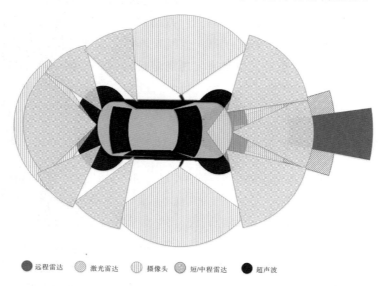

● 远程雷达　／／／激光雷达　|||摄像头　▨短/中程雷达　■超声波

图 2.1　SDV 传感器配置示例

---

① 即快递最后一段配送。——译者注

2.1.2.1 雷达

雷达,代表无线电探测和测距,是一种利用无线电波(即比红外光长的电磁波)来探测和跟踪目标的传感器技术。第一次用无线电波探测遥远物体的实验是在20世纪30年代初进行的,但在第二次世界大战期间,当盟军和"轴心国"的军队都意识到这项新技术在军事应用方面的巨大潜力后,这项新技术才真正得到了发展。

在20世纪80年代末,丰田公司率先在汽车内部署汽车雷达[1]。从那以后,其他汽车制造商也开始使用这项技术并使之取得进一步发展。77 GHz(以及最近的79 GHz)雷达的发展补充了早期的24 GHz技术,提高了检测精度和分辨率,两者都对SDV的安全可靠运行至关重要。雷达已经成为现代汽车中部署最广泛的传感器之一,在许多高级驾驶员辅助系统(advanced driver assistance systems,ADAS)中起着关键作用,包括自适应巡航控制(adaptive cruise control,ACC)、盲点检测及车道变更辅助系统。图 2.2(a)与(b)展示了车载雷达的例子。

(a)大陆远程雷达(经大陆集团许可转载,©2017 Continental AG)

(b)博世中程雷达(经博世公司媒体服务部许可转载,©2016 Robert Bosch GmbH)

图 2.2 两类雷达传感器

雷达简介

雷达技术利用回波原理,发射无线电波脉冲,然后经周围的物体反射回来。回波提供了关于每个物体的方向、距离和大小的估计信息。雷达还可以通过释放多个连续脉冲来确定物体运动的方向和速度。

雷达有两种基本类型:回波雷达和多普勒雷达。回波雷达通过从两个或多个放置在不同的位置的回波雷达装置获取数据,也可能捕捉到关于物体位置的附加信息,比如它的角度。多普勒雷达通过分析回波的相位进一步增强了这种能力。它通过跟踪每一个特定的波并在波返回时检测回波的位置、波形的差异来做到这一点,这些信息可以用来确定波是正向频移还是负向频移。负向频移意味着目标很可能正在远离雷达,而正向频移则表示它正在向雷达移动。移动量可用于确定目标的速度。

雷达的优缺点

由于其具有远距离覆盖和多普勒功能,雷达已成为探测和跟踪远距离目标的主要传感器。它具有许多关键优势,例如,雷达适用于任何光照条件(包括阳光直射和黑暗)、任何干扰性天气条件(例如雨、雾和雪)、多风的位置及高速行驶。雷达甚至在更远的距离(最远 250 m)也能提供足够的分辨率,并且在批量生产中有合理的价格(尽管其他类型的传感器更便宜)。最后同样重要的是,由于多普勒效应,可以估计被测物体的位置和速度。

雷达的缺点包括对非金属物体的探测效果较差,以及相对较窄的张角。一些雷达配备了能够根据汽车速度动态调整张角和距离的功能,如图 2.3(a)和(b)所示。图中张角越宽,工作距离越短。当汽车高速行驶时,系统会减小角度以获得最大的探测距离。当汽车在较低的车速范围内行驶时(例如在城市交通中),系统会减小探测距离来获得最大张角,以保证对行人、自行车和其他靠近汽车的物体有更好的探测效果。

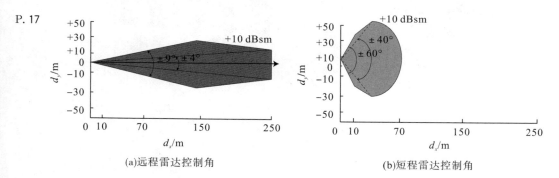

(a)远程雷达控制角　　　　　　　　　(b)短程雷达控制角

图 2.3　两种雷达控制角示意图(参考文献:"ARS 408-21 Premium Long Range Radar Sensor 77 GHz Datasheet", by Continental. © 2017 CONTINENTAL AG)

2.1.2.2　激光雷达

激光雷达(Lidar)是光探测和测距(light detection and ranging)的英文首字母缩写。激光雷达技术基于与雷达相同的原理;换句话说,它根据所发射能量的反射回波来确定目标的位置和距离。然而,激光雷达使用脉冲激光工作,而不使用无线电波。

自从 20 世纪 50 年代末激光被发明以来,激光已经被广泛应用于各种各样且不断增加的应用领域。在 SDV 中使用激光雷达只是这一趋势的一个例子。高分辨率和非金属目标探测等独特的特性使得激光雷达技术成为三维测绘应用领域的热门选择。这与 SDV 的开发场景完全吻合,SDV 的开发依赖于有效的高清晰度地图,以实现精确的定位和导航(如我们将在第 3 章中看到的)。图 2.4 展示了激光雷达传感器样品。

图 2.4　Velodyne Alpha Puck、Velarray 和 VelaDome 激光雷达传感器(© APJarvis)

为了确保激光雷达装置发射的激光脉冲不会损伤人的眼睛,汽车激光雷达束的能量被严格限制在对人眼安全的一级激光产品的水平内[2]。其他应用使用更高功率的光束。例如,在航空测量中,脉冲需要有足够的能量来穿透树冠到达森林地表。

激光雷达简介

如上所述,激光雷达的工作原理与雷达相似。每当发射的激光脉冲击中物体时,脉冲会反射回传感器,然后通过测算脉冲传播时间来计算目标距离。

两者的区别在于激光雷达使用光波。激光雷达传感器能够以每秒高达数十万脉冲的速率发射激光脉冲。现代的激光雷达也能够在一次扫描中传输多个垂直排列的脉冲,或者"通道",以提供物体高度的信息。这可能对某些感知算法(如噪声滤除和目标识别)有用。

激光雷达传感器主要由三个部件组成:产生激光束的激光二极管,接收返回(反射)信号的光电二极管,以及用于水平地和垂直地引导激光束的伺服反射镜。反射信号由光电二极管捕获并由传感器的信号处理单元处理。传感器将检测到的物体以一系列点云的数据形式输出,每个像素点代表测量的距离和相对于传感器的三维坐标的精确位置。更智能的激光雷达还会返回一个识别对象的列表,如汽车、行人等。

图 2.5 展示了激光雷达的关键部件,并说明了它们是如何工作的。产生的激光脉冲通过伺服电机带动旋转的反射镜引导,这面反射镜可以倾斜,以便在不同的垂直角度发射脉冲。光学编码器通过向伺服电机提供反馈来实现对反射镜的精准控制,并由此产生激光传输。回波信号由检测器(通常是光电二极管阵列)捕获,并由传感器的信号处理单元处理。

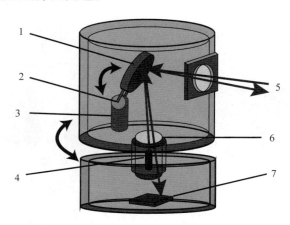

1—倾斜镜;2—光学旋转编码器;3—伺服电机;4—激光源;
5—物体;6—光学旋转编码器;7—接收机。

图 2.5 简化的激光雷达工作原理

激光雷达的优缺点

激光雷达以其较小的波束宽度和相对较长的覆盖范围,已成为高分辨率三维测绘的首选传感器。激光雷达在室内定位和其他没有全球导航卫星系统的地区也发挥着重要作用。通过测量接收到的红外光的强度,激光雷达也有可能被用作可靠的昼夜探测器,因为太阳在白天发射的红外光比激光雷达产生的激光束要多得多[3]。

尽管激光雷达在汽车应用中很有用,但激光雷达传感器的高单位成本仍是该技术能否在批量生产汽车中被广泛采用的最大阻碍。然而,固态激光雷达(不旋转且无运动部件的激光雷达)的不断发展有望显著降低传感器的成本和尺寸。

因为激光束也能够对小颗粒如雾和灰尘等产生反射,所以激光雷达对环境更加敏感,并且在恶劣天气下比雷达产生更多的干扰。这使得在汽车上安装激光雷达比安装雷达更复杂。尽管滤波算法能够在一定程度上帮助减少由雪花或雨滴造成的干扰,但是如果激光脉冲被传感器表面的灰尘、冰或雪阻挡,则效果会差很多。将传感器放在挡风玻璃后面可以避免此问题,但若将其定位在汽车内部并在挡风玻璃雨刮器的可视范围内会导致无法进行360°感知,并可能与其他传感器(如摄像头和雨滴传感器)发生冲突[4]。

2.1.2.3 超声波传感器

超声波是指超出人类听觉范围的声波,即频率超过 20 kHz。顾名思义,超声波传感器使用高频声波进行目标探测和测距。像蝙蝠这样的动物,在光线较暗的环境下,用类似的原理来探测和定位猎物。

几十年来,超声波传感器已被用于医学、海事和其他行业的检测和诊断。但直到 20 世纪 80 年代,随着丰田公司推出基于超声波的停车辅助系统,超声波传感器才进入汽车行业并迅速被其他汽车制造商采用。

现在,车载超声波传感器不仅仅提供泊车辅助功能,例如,它还作为人机接口(human machine interface,HMI)的一部分用于手势识别。HMI 系统能够实现对主机和信息娱乐系统的无接触控制,允许用户浏览视频并调整播放顺序。图 2.6(a)和(b)分别展示了汽车超声波传感器及其作为侧方停车传感器的应用实例。

(a)博世超声波传感器(经博世公司媒体服务部许可转载,©2016 Robert Bosch GmbH) (b)超声波传感器作为侧方停车传感器的例子(©Basotxerri)

图 2.6 汽车超声波传感器及其应用示意图

超声波传感器简介

与激光雷达和雷达一样,超声波传感器被归类为飞行时间传感器,这意味着它们通过传输波包和计算波返回所需的时间来工作。非常重要的一点是,超声波传感器中使用的声波对人来说是听不见的,因为声波必须以高振幅(>100 dB)传输,这样传感器才能接收到清晰的反射波。

传感器基本上包括一个发射机(将交流电压转换成超声波),以及一个接收机(当一个力作用于它时产生交流电压)。根据所用材料的不同,这两种功能可以组合成一个收发器。

由于声波的张角很大,并假设传感器放置在汽车中最佳的位置,可以使用与卫星定位相同的原理,利用重叠信号的三边测量法来确定被检测目标的准确位置,如图2.7所示。通过将勾股定理应用于目标到每个传感器的距离(D_A、D_B)和两个传感器间的距离(d),可以推导出车体到目标的距离(D)。

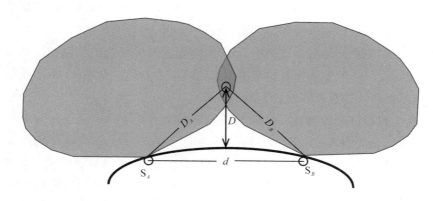

D_A—目标到传感器 A 的距离;D_B—目标到传感器 B 的距离;d—两传感器间的距离;
S_A—超声波传感器 A;S_B—超声波传感器 B;D—车体到目标的距离。

图 2.7 三边测量法示意图(参考文献:"Ultraschallsensorik", by Martin Noll, Peter Rapps, Hermann Winner(ed.), Stephan Hakuli (ed.), Christina Singer (ed.), 2017, Handbuch Fahrerassistenzsystem, ATZ/MTZ-Fachbuch, p. 253. © 2015 Springer Fachmedien Wiesbaden)

超声波传感器的优缺点

由于超声波传感器价格相对低廉,通常作为检测汽车附近物体是否存在及其位置的经济手段,例如应用于辅助停车场景。超声波在大多数情况下表现良好,因为它很少受到天气条件的影响。尽管超声波提供的细节相对较少,但它不依赖光,相比其他光线不足或过多可能导致误导性结果的情况,超声波具有优势。只要传感器本身不被灰尘、雪或冰覆盖,它们也能在雨、雾和雪中工作。在室内、城市或拥挤的环境中,它们检测非金属材料的能力为行人提供了额外的安全措施。

然而,在使用超声波传感器时,有一些问题需要解决。超声波传感器通常有较低的分辨率及较小的控制角,在汽车高速运动或者高风速的情况下,其功能会受到限制,而这恰恰是对传感器要求最高的时刻。此外,它们还受到外界中声音的影响。附近发出的其他高频声音,如列车轨道摩擦声,也可以想象成是"铁轨尖叫声",会对传感器的测量产生负面影响。反射物体的角度和材料对接收到的回波也有一定影响。随着入射波的角度增加,回波的强度和传感器读数的精度会下降。若对回波计算得不准确,会导致在估计汽车周围其他物体与车的距离时或在判断是否存在其他物体时出现误差。

2.1.2.4 摄像头

摄像技术已经存在很长时间了,它无疑是人类历史上最值得称道的创新之一。20 世纪 80 年代末数码相机的发明打破了传统的模拟摄像业务。今天的摄像头价格便宜,而且几乎随处可见,这要归功于它们在智能手机中的应用。

通用汽车公司在 1956 年的别克百夫长概念车中首次探索了摄像头技术在汽车领域中的应用。百夫长车配备了一个后视摄像头(也称为"备用摄像头"),可将图像发送到车内电视屏幕上。然而,直到 30 年后,丰田公司才为第一批集成后视摄像头的汽车的批量生产铺平了道路[5]。如今,摄像头技术不仅用于提供实时后视图像流(视频)以辅助停车,而且还是各种 ADAS 创新的关键促成因素,这些创新包括提供车道偏离警告和限速信息,还包括实现增强现实和发明自动驾驶仪。在一些国家,摄像头在汽车行业扮演着更重要的角色。例如,在美国,2018 年 5 月以后制造的所有新车都必须安装后视摄像头。

图 2.8(a)和(b)分别展示了汽车双目摄像头和车内前视双目摄像头的安装实例。

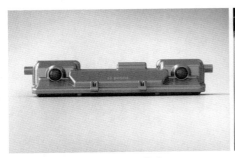 

(a)博世双目摄像头　　　　　　(b)安装在挡风玻璃上的双目摄像头

图 2.8　两类双目摄像头示意图(经博世公司媒体服务部许可转载,© 2017 Robert Bosch GmbH)

摄像头简介

摄像头与激光雷达、雷达或者超声波传感器不同,它是被动传感器。它被动接收光波但不会主动发射任何形式的能量(飞行时间摄像头是一个例外,我们将在下面讨论它)。摄像头一般由三个主要部分组成:光学元件、图像传感器和图像处理器。

构成摄像头光学元件的物镜和滤光片的设计取决于其预期用途。前视摄像头通常采用大光圈的长焦距镜头,以使摄像头在光线不足的情况下尽可能多地"看到",而侧视和后视摄像头则使用具有小光圈的广角镜头,尽可能多地捕捉周围环境中的附近物体。图像传感器和图像处理器负责捕获、过滤和处理接收到的光波,并将其转换为可以通过低压差分信号(low-voltage differential signaling,LVDS)或以太网接口传输的数字原始视频流。一些智能摄像头系统还具有强大的数字信号处理器(digital signal processor,DSP),可执行实时目标检测、标志识别、车道检测和其他任务,并将检测到的目标列表作为单独的总线消息进行传输。

双目摄像头主要是由两个面向同一方向的单目摄像头组成的,它有两个独立的视频流,一个来自左侧摄像头,一个来自右侧摄像头。图 2.9 展示了利用双目摄像头进行深度计算的例子。假设左右两个摄像头拥有同样的焦距 f,真实世界的点 P 分别被投影为 u_l 和 u_r。两个投影点间的坐标称为"视差(disparity)",记作 d,它由 fb/z 得到,其中 b 是两个摄像头的距离。因此,摄像头到真实点 P 的距离 z 可以由公式:$z=fb/\text{disparity}$ 得到。

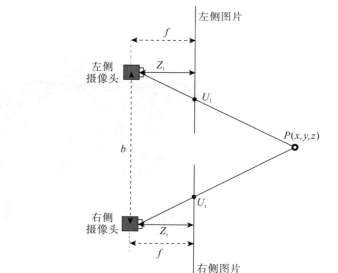

图 2.9 利用双目摄像头进行深度计算(参考文献:"Optical encoders and LiDAR scanning",by Renishaw. © 2019 Renishaw plc)

双目摄像头的一个关键特性是能够进行对应搜索,即在不同的传感器结果中搜索相似性,从而生成关于周围环境的连续图像。可以使用各种算法来实现这一点。基于区域的算法考虑一幅图像的一小块区域,然后在另一幅图像中寻找相似的区域。相比之下,基于特征的算法在每个图像中识别出唯一的特征,以匹配共同点。该算法会从更小的可识别的图像组成部分(包括边缘、角和线)进行计算,而不是计算一块面积。只要一个图像中有几个像素对应于另一个图像中的像素,那么核面几何(epipolar geometry)就可以作为降低对应搜索复杂性的基础。可以使用核线生成对应关系,在这个过程中,一个摄像头视图中的目标被投影到另一个摄像头的像平面上。基于特征的技术使得系统能够识别相似的区域并将图像组合起来。类似的原理用于从 4 个或多个具有重叠水平视场(fields of view,FOV)的鱼眼摄像头生成一个环绕视图(360°)。

飞行时间(time-of-flight,TOF)摄像头能够从一个固定的位置捕捉整个 3D 场景。为了确定信号的距离,使用飞行时间摄像头时通常在镜头旁边安装一个光子混频器(photonic mixer device,PMD)。

根据激光雷达、雷达和超声波传感器的飞行时间工作原理,可利用红外光源确定目标的距离,这种单独的距离测量使得飞行时间摄像头中的距离计算比双目摄像头中的距离计算简单得多。

摄像头的优缺点

与激光雷达、雷达和超声波传感器等距离传感器相比,摄像头捕捉的频率和颜色范围更广,这样可以对场景进行更丰富的语义解释,包括车道检测、交通标志识别等。在某些情况下,使用摄像头且基于视觉的定位可能比基于激光雷达的定位结果更好,例如,在建筑物等地标更容易通过其纹理而不仅仅是通过其结构来区分的情况下。另一个优势是摄像头的单位成本通常比雷达和激光雷达低。

然而,摄像头技术对环境光线和天气条件非常敏感。在光线不好的条件下,摄像头的效果会受到严重影响。天气的变化也往往会产生负面影响,大雨、降雪或者大雾都可能使得用摄像头收集的图像变得无用。

2.1.2.5 全球导航卫星系统

与雷达一样,全球导航卫星系统(global navigation satellite system,GNSS)有其军事应用的根源。第一个功能齐全的全球导航卫星系统是 Navstar,它是美国现代全球定位系统(global positioning system,GPS)的前身。Navstar 是 navigation system using timing and ranging(测时测距导航系统)的缩写,是美国国防部在 20

世纪 70 年代发明的,目的是提供一种快速有效的方法来定位世界上任何地方的美军部队,特别是美国海军新发明的导弹发射潜艇[6]。全球导航卫星系统对军事应用和民用的重要意义促进了其他卫星集群计划的开始,它们包括欧盟的伽利略(Galileo)系统、俄罗斯的格洛纳斯(GLONASS)系统和中国的北斗(BeiDou)系统。

在全球范围内随时可用的基于卫星的导航带来了一些关键的创新,这些创新为 SDV 的发展铺平了道路。在数字地图和车载电脑的帮助下,汽车可以在全球地图上自动定位、计算路线,并引导驾驶员前往他们选择的目的地。20 世纪 80 年代初,日本本田公司成为世界上第一家推出带有地图显示功能的商用汽车导航系统的汽车制造商。如今,司机们从谷歌地图等实时交通信息服务中受益匪浅,它为司机们提供即时更新的可用路线,帮助他们避开前方数千米的追尾现场。

鉴于全球导航卫星系统在 SDV 中的特殊用途,有一点很重要:全球导航卫星系统的精度有限,不可能在任何情况下都可靠。然而,在未来的许多年里,全球导航卫星系统无疑将继续在 SDV 的发展中发挥重要作用。

全球导航卫星系统简介

全球导航卫星系统依靠分布在不同轨道平面上的卫星工作。就 GPS 而言,全球覆盖要求至少有 24 颗运行中的卫星,不断向地球发送信号,包括卫星的 ID(标识码)、当前时间和位置。

全球导航卫星系统接收器是被动的外部感知传感器。就 GPS 而言,接收器需要来自 3 颗或更多颗不同卫星的信号来确定其在地面上的位置。如果 GPS 接收器有内置的原子钟,则只需要 3 颗卫星。然而,大多数 GPS 接收器都使用更简单的时钟,因此通常需要来自至少 4 颗卫星的信号来补偿定时误差。

全球导航卫星系统接收器的位置是根据三边测量(trilateration)法这一数学原理计算的。该方法首先计算每个信号的传播时间,即信号离开卫星和接收信号之间的时间差。然后,可以通过将传播时间乘以信号传播速度(相当于光速)来计算物体到卫星的距离。接收器的位置被精确定位为所有信号相交的区域,如图 2.10 所示。通过卫星 A、B 和 C 的位置及与它们之间的距离,即 D_A、D_B 和 D_C,可以确定接收器的全球定位。

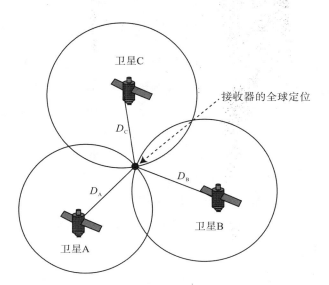

图 2.10　计算全球导航卫星系统接收器全球定位的三边测量法原理

全球导航卫星系统的优缺点

具有全球覆盖范围的全球导航卫星系统,如 GPS 或格洛纳斯,可用于确定地球表面在任何地点的接收机的位置。全球导航卫星系统基于绝对位置,这意味着它不会受到由于长期使用惯性测量单元(inertial measurement unit,IMU)和里程计传感器(odometry sensors)产生的累积误差的影响。GPS 接收机已经变得常见且价格低廉,由于其在现代智能手机中的广泛使用,现在几乎可以在任何地方使用它。

基于全球导航卫星系统的定位模式,其主要缺点之一是要求接收机和卫星之间有一条视线,才能可靠地工作。这意味着基于全球导航卫星系统的定位在视野畅通无阻的开阔区域效果最好,而在车库和隧道等室内区域根本不起作用。在某些环境下,例如高楼密布的市区,全球导航卫星系统的信号会受到多径传播的影响。当一个信号从环境中的其他物体反射出来,经过不同路径后再到达接收机时会产生多径效应,可能会导致定位性能显著降低。另一个问题是,可公开获取的 GPS 只能达到大约 3 m 的定位精度(欧洲航天局的伽利略系统为 1 m),这对于 SDV 的应用来说可能不够精确。然而,使用诸如差分全球定位系统(differential global positioning system,DGPS)或实时动态 GPS(real-time kinematic GPS,RTK GPS)等技术可以显著提高定位精度,但是这两种技术都需要固定位置的专用基站,因此只能在世界某些地区使用。

2.1.2.6 惯性测量单元

如前一小节所述,全球导航卫星系统要求接收机和至少 3 颗或 4 颗卫星之间有一条视线才能正常工作。因此,在卫星信号不可用的地方、城市高层建筑之间或室内环境中,SDV 可能需要其他技术,而此时通常采用惯性测量单元。

惯性测量单元使自动驾驶汽车能够通过结合来自加速度计、陀螺仪或磁强计的数据来确定其位置和姿态(它所面对的方向)。惯性测量单元通常由 3 个陀螺仪和 3 个加速度计组成,它们提供 6 个自由度(degree-of-freedom,DoF)的姿态估计能力(x、y 和 z 坐标轴加上滚转(roll)、俯仰(pitch)和偏航(yaw))。有些惯性测量单元还需要 3 个磁强计来提供 9 自由度的姿态估计。图 2.11 展示了一些惯性测量单元传感器的示例。

图 2.11 Xsens MTi 1 系列/10 系列/100 系列的惯性测量单元传感器模块(经 Xsens 许可转载,© 2019 Xsens Technologies B. V.)

惯性测量单元简介

惯性测量单元利用惯性运动传感器,特别是陀螺仪,根据固定的参考系确定汽车的方向。陀螺仪有几种类型。机械陀螺仪(mechanical gyroscopes)使用一个旋转轮或一个快速旋转的转子,安装在两个万向节和一个支撑架上。由于车轮存在角动量,无论支撑架的方向如何变化,车轮的原始方向也始终保持不变。因此,可以通过测量相对于惯性参考系的两个万向节之间的角位移来推断方向的变化。光学陀螺仪(optical gyroscopes)主要利用了激光产生的物理效应,当两束光在旋的环形路径上以相反的方向传播时,它们的传播时间,即光束返回起点的时间,将略有不同;与旋转方向相同的光束返回起点所需的时间比与旋转方向相反的光束要长。这就是萨奈克效应(Sagnac effect),如图 2.12 所示[7]。当两束光在一个旋转的环形路径(右)中以相反的方向传播时,它们的传播时间将不同于圆环不旋转时(左)的时长。通过测量光束的相位差(θ),可以推导出作用在圆环上的角速度。

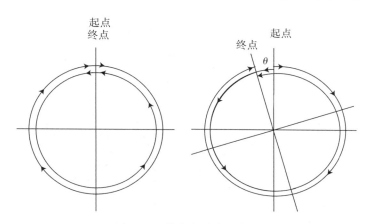

图 2.12　萨奈克效应示意图

另一种流行的类型是微机电系统(micro electro - mechanical system,MEMS)陀螺仪。MEMS 陀螺仪的工作原理是测量科里奥利力(Coriolis force),科里奥利力是一种惯性力,它使旋转系统中的运动物体偏转,与系统的角速度成正比[8]。如图 2.13(a)所示,当一个人朝着旋转平台的外缘向南移动时,该人必须增加向西的加速度,以保持向南的航向。增加的向西加速度需要补偿不断增加的向东的科里奥利力。MEMS 陀螺仪包含一个谐振质量块,在框架内只沿一个方向(向北或向南)移动,框架的东西两侧都有电容感应元件。如图 2.13(b)所示,当谐振质量块向北移动时,通过测量向南的科里奥利力引起的谐振质量块的位移来确定平台的角速度。同样地,如图 2.13(c)所示,当谐振质量块向南移动时,角速度与由向东的科里奥利力引起的谐振质量块的位移成正比。

MEMS 陀螺仪由于其具有低功耗、低成本和高性能(尽管其外形尺寸小)等特点,被广泛应用于从消费类电子设备到安全级别较高的汽车和航空航天领域的现代电子设备中。

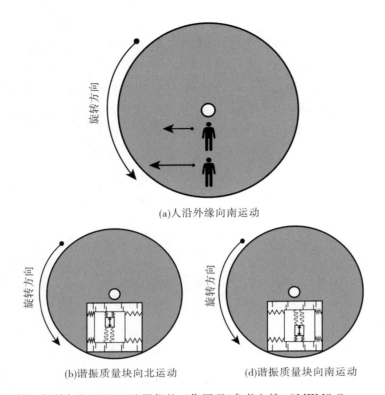

图 2.13　科里奥利力和 MEMS 陀螺仪的工作原理（参考文献："MEMS Gyroscope Provides Precision Inertial Sensing in Harsh, High Temperature Environment", by Jeff Watson. © 2019 Analog Devices, Inc.）

惯性测量单元的另一个重要组成部分是加速度计，它根据弹簧-质量-阻尼原理工作。惯性力、阻尼力和弹簧力都可以通过测量施加在物体上的力以后再计算得到。弹簧和质量块施加的压力被密封在装置中的残余气体所阻尼。加速度计有多种类型，包括电容式加速度计，用于测量固定结构和检验质量块之间的电容；压电式加速度计，使用单晶或陶瓷压电材料，测量施加压力时该材料产生的电压。每个加速度计测量一个轴上的加速度，这就是为什么惯性测量单元用 3 个加速度计来进行三维计算。

惯性测量单元的优缺点

惯性测量单元是一种被动传感器，用于感应任何情况下都可以测量的参数，例如地球的引力场和磁场。SDV 始终可以依赖于从惯性测量单元获取信息，因为它们总是可用的。

然而，高度可用性并不意味着惯性测量单元没有误差。典型的惯性测量单元误差包括噪声、漂移和标度因数误差，这些误差可能因为受到天气变化影响而变大。一些惯性测量单元还包括一个气压计，这样可以通过测量大气压来获得由于天气影响引起的压力变化。在天气迅速变化的极端情况下，海平面气压的变化可能会暂时影响垂直方向的精度。

2.1.2.7 里程计传感器

里程计传感器，或简称为里程计，是一种特殊的传感器，其设计目标是测量汽车行驶的距离，方法是将车轮转动次数乘以轮胎周长。里程计可以是主动的（需要外部电源），也可以是被动的。

在汽车行业中，里程计的功能通常以车轮转速传感器的形式实现。这些信息提供了当前车轮转速及每个车轮行驶距离的信息。标准的安全功能，如防抱死制动系统（anti-lock braking system，ABS），在很大程度上依赖于准确的车轮转速信息才能正常工作。

里程计简介

被动轮转速传感器不需要外部电源。脉冲轮与被监控的车轮同步旋转。如图 2.14 所示，由于车轮旋转而产生的轮齿和间隙的交替导致传感器线圈和永久磁铁之间的磁通量变化，并产生交流电。传感器通过测量磁通量变化引起的交流电压来确定速度。

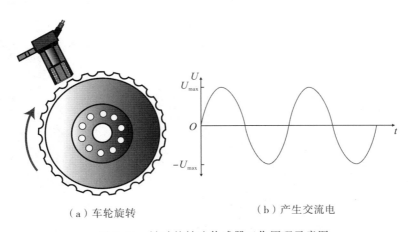

（a）车轮旋转　　　　　　（b）产生交流电

图 2.14　被动轮转速传感器工作原理示意图

主动轮转速传感器的工作原理与此类似,但使用一个带交变磁极的环形物作为脉冲轮,如图 2.15 所示。交流磁极变化由磁阻或霍尔传感器检测,并由传感器转换为脉宽调制(pulse-width modulated,PWM)信号,生成的 PWM 信号与转速成比例。与被动传感器不同,主动传感器需要控制单元提供外部电源。

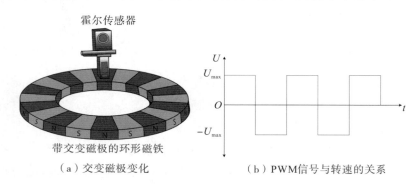

(a)交变磁极变化　　　　(b)PWM信号与转速的关系

图 2.15　主动轮转速传感器的工作原理

里程计的优缺点

里程计是一种廉价的传感器,可以提供汽车行驶距离的准确信息。现代的主动传感器可以检测到低至 0.1 km/h 的车轮速度,并且在很大程度上不受振动和温度波动的影响[9]。

但是,由于汽车漂移、车轮打滑、路面不平和其他因素,它们很容易随时间累积误差。这会降低它们在长距离上的准确性[10]。因此,里程计传感器的读数通常与从其他来源(如全球导航卫星系统和惯性测量单元)得到的测量值相结合,以计算汽车的位置,一般会使用卡尔曼滤波器等算法,以获得准确的总体结果。有关传感器数据融合的问题将在 3.5 节讨论。

2.2　计算平台

上一节中描述的传感器是自动驾驶汽车的"眼睛和耳朵",它们使汽车能够感知周围环境。计算平台则是一个"大脑",它可以理解所有这些数据,实时融合来自传感器的信息并生成对周围环境的感知。一旦计算平台了解了汽车周围环境发生的情况,就可以做出决定并向执行器接口发送指令,以执行所需的任何动作。这种感知-决定-行动(sense-decide-act)循环是自动驾驶的核心。

2.2.1 须考虑的关键问题

建立关于汽车周围环境的稳健、高精度的三维图像对实现安全可靠的自主驾驶至关重要,但只有高性能计算机(high-performance computer,HPC)才能提供它所需要的算力。以下是为 SDV 选择最佳的计算平台所涉及的一些关键问题。

数据率

SDV 传感器产生大量的数据,这些数据需要同时处理。根据车内摄像头、激光雷达、雷达和其他传感器的数量,这可能需要高达 1 GB/s 的数据传输速率。相比之下,这大约是 YouTube(视频网站)上高清视频流数据传输速率的 1000 倍。所有这些数据不仅都必须被捕获和处理,而且在存储方面也带来了巨大的挑战。访问存储的原始传感器数据是实现故障诊断和其他功能的重要环节,因此设计存储控制器和存储设备本身(如硬盘或固态硬盘)时都需要考虑如何处理这些高速率数据,以免产生瓶颈。

算力

除了同时处理大量数据外,计算平台还必须具有足够的算力,以便在各种情况下做出正确的决策。几毫秒的延迟可能会产生严重的后果,因此接近零的延迟是必须的。以紧急制动为例,以 100 km/h 的速度,汽车每秒行驶 28 m。因此,如果一辆 SDV 在以 100 km/h 的速度行驶时反应延迟 1 s,那么总的制动距离将比它应有的制动距离长 28 m;以 140 km/h 的速度行驶时,1 s 的延迟会导致多出 39 m 额外的制动距离。在这两种情况下,1 s 可能意味着生与死的区别。就像无人机和手术机器人一样,SDV 依赖于可靠的近实时信息传递。

能源消耗

专家预测,未来大多数 SDV 将是电动汽车[11]。电动汽车可以行驶的最大距离取决于其所有的电子元件及传动系的总能耗。为了避免不必要的电池消耗,开发人员需要创建能够提供最大的能源利用率和算力的计算平台。

稳健性

为了确保 SDV 能够在所有可能的地理位置和气候条件下(即使在极端温度下)安全运行,计算平台需要满足汽车级标准,例如,工作温度范围为 -40 ℃ ~ 125 ℃。计算平台及其硬件组件也必须足够坚固,能够承受机械振动。

2.2.2 计算平台举例

由于人们对 SDV 技术产生的广泛兴趣(甚至来自传统汽车行业之外),并且出现了越来越多的研发活动,许多技术公司已经开始为 SDV 或其他具有更高要求的应用提供专门设计的高性能计算平台。

Nvidia 公司以其图形处理单元（graphics processing unit，GPU）而闻名。很早以前，Nvidia 公司就预见了 GPU 在应对自动驾驶感知方面挑战的潜力，特别是对那些可以通过深度学习有效解决的挑战（我们将在第 7 章中更详细地讨论这个话题）。如图 2.16 所示，Nvidia Drive AGX Pegasus 是一个专门设计用于 SDV 的计算平台，具有可扩展、功能强大、节能等特点。

图 2.16　Nvidia Drive AGX Pegasus 计算平台（经 Nvidia 公司许可转载，© 2019 Nvidia Corporation）

另一家为 SDV 开发计算平台的公司是 TTTech Auto 公司。该公司专门从事从计算机到航空航天等技术领域的对强大网络的安全控制。根据汽车安全完整性等级（automotive safety integrity level）即 ASIL D 功能安全要求，TTTech Auto 公司开发了基于 Renesas 芯片组的"RazorMotion"和基于 Intel/Infineon 芯片组的"AthosMotion"（见图 2.17）电子控制单元原型，可以根据系列产品标准进行 SDV 功能开发。第 6 章将更详细地讨论功能安全。

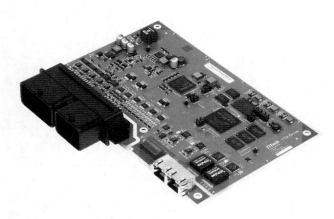

图 2.17　TTTech Auto AthosMotion 计算平台（经 TTTech Auto 公司许可转载，© 2019 TTTech Auto AG）

2.3 执行器接口

执行器接口负责将计算平台发出的汽车指令转换为汽车的实际运动。例如，如果计算平台决定向左旋转 3°，那么执行器接口可确保转向控制模块（其本身可能涉及闭环控制系统）的所有低级命令都能被正确、及时地执行，即当执行指令时，转向角向左转动正好 3°。执行此命令所需的实际一系列低级控制可能因汽车而异。因此，执行器接口充当一个独立于汽车的抽象层，它隐藏了每辆车特定的低级控制的复杂性。

2.3.1 执行器接口的组成

为了使 SDV 安全可靠地操纵，执行器接口需要支持横向和纵向控制。如国际汽车工程师学会在《SAE J670e 标准：汽车动力学术语》(*SAE standard J670e: vehicle dynamics terminology*)中所定义的那样[12]，横向控制包括控制汽车沿 y 轴或侧边的运动，转向角控制属于这一类；纵向控制包括控制汽车沿 x 轴的运动。加速踏板控制和制动控制就是属于这一类的两个例子。图 2.18 显示了符合 SAE J670e 标准的汽车轴系统。

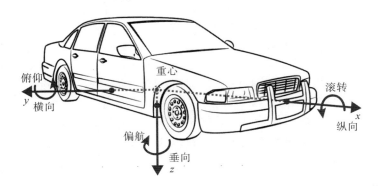

图 2.18 符合 SAE J670e 标准的汽车轴系统（参考文献："Vehicle Dynamics Terminology: SAE J670e", by Society of Automotive Engineers Vehicle Dynamics Committee, 1978. © 1978 SAE International）

由于 SDV 由运行在计算平台上的软件控制，所以汽车的执行器必须完全可编程，或实现"线控驱动"。在实现完全线控驱动（drive-by-wire）的汽车中，驾驶功能由一个或多个电子控制单元根据从总线检索到的命令进行控制,如图 2.19 所示。为了实现完全可编程的横向和纵向控制,SDV 至少需要以下线控驱动组件:线控转向器(steer-by-wire)、线控制动器(brake-by-wire)和线控油门(throttle-by-wire)。线控转向器能够利用基于通信总线发送的电子转向指令(或消息)实现横向汽车控制;利用线控制动器和线控油门,无须任何机械踏板,可编程实现汽车纵向控制。在接收到制动或油门指令后,负责的电子控制单元将这些指令分别转换为实际的(物理)制动和加速动作。

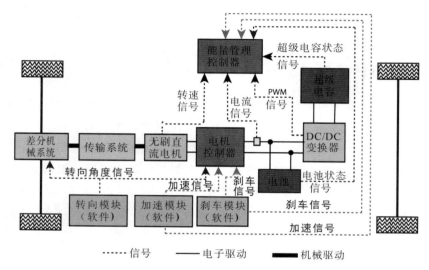

图 2.19 电动汽车线控结构示例("Optimal Control for Hybrid Energy Storage Electric Vehicle to Achieve Energy Saving Using Dynamic Programming Approach", by Chaofeng Pan, Yanyan Liang, Long Chen, and Liao Chen, 2019, Energies 2019, 12(4): 588. © Chaofeng Pan, Yanyan Liang, Long Chen, and Liao Chen)

由于所有的汽车控制都是通过软件来完成的,因此不再需要人类驾驶员使用的控制硬件,如方向盘、加速踏板等。然而,如果有必要,这样的硬件可能仍然允许人类指令覆盖 SDV 操作。在 5 级 SDV 中,这些硬件将完全过时,因为在汽车行驶时无须驾驶员做出任何动作。

线控驱动系统已成为创新型 ADAS 应用(如自适应巡航控制和车道辅助系统)的关键促成因素。然而,与此同时,它们也为篡改电子控制单元或对其输入假消息的方法打下了基础,从而给未经授权的汽车控制带来了重大风险。现代汽车一般都有一个额外的安全层,使黑客更难操纵线控系统。然而,老式汽车更容易受到攻击,知道如何解析和控制线控系统内部总线信息的人可能可以控制汽车。

然而，与现代生产的系列汽车相比，在老式汽车的基础上制造 SDV 原型可能要容易得多。需要记住的另一点是，用于线控驱动系统的内部消息因汽车制造商而异，有时甚至在同一制造商的车型之间也是如此，并且通常作为专有数据受到保护。

2.3.2 使用线控驱动系统

如前一节所述，SDV 需要通过线控驱动或类似系统进行完全可编程汽车控制。线控驱动系统中使用的内部消息通常不公开，并且可能受到保护以防被操纵。

但是，在现有汽车无法获取可用的线控驱动系统或相关信息的情况下，有几个选项可以考虑：

- 使用一个专有的开发工具包，比如 Dataspeed 公司的 ADAS 工具包，它可以用来控制福特汽车和林肯汽车的部分特定型号[13]。
- 基于开源汽车控制(open source car control，OSCC)[14]，使选择的汽车实现自己的可编程接口。在撰写本书时，该项目只支持一种特定的起亚车型。第 5 章将讨论开源汽车控制。
- 对现有汽车进行改装，将所有手动执行器更换为可编程执行器，如图 2.20 所示。

图 2.20　改装后应用线控驱动系统的汽车示意图（经 Rolling Inspiration 公司允许转载，© 2018 Charmont Media Global）

2.4　车载网络

如果传感器是 SDV 的眼睛和耳朵,计算平台是 SDV 的大脑,那么车载网络就是 SDV 的中枢神经系统。有多种可用于连接汽车内硬件的通信网络,至于如何选择取决于你使用的传感器和汽车平台控制器。如今,传感器种类繁多,汽车的计算平台可能需要支持多种网络,例如控制器局域网(Controller Area Network,CAN)和以太网(Ethernet)。

CAN 是最常见的车载网络总线结构。自 20 世纪 80 年代末以来,它一直被用于支持在多个汽车控制器之间进行可靠的消息交换。每个 CAN 消息包含一个标识符、最多 8 字节数据的有效负载及其他信息。CAN 消息的 ID 在每条总线上必须是唯一的,因为它指示总线参与者应如何解析数据的有效载荷。CAN 数据传输的上限为 1 Mb/s。然而,改进的 CAN FD(flexible data-rate)允许数据传输速度超过 1 Mb/s,并将最大数据有效载荷增加到 64 Bytes[15]。

二十多年来,以太网一直是 IT 领域局域网环境的实际标准,但由于射频噪声和延迟等技术问题,最近才开始在批量生产汽车时被采用[16]。这些问题尽管在 IT 领域中不太重要,但对汽车领域至关重要且最近才得到解决。相比其他类型的汽车通信网络,以太网具有更加高效的数据传输能力。它还通过向所有接收者提供广播、发送到一组接收者或者发送到单个接收者的选择来确保有效的带宽利用。多条有效载荷较短的消息也可以合并为一条消息,以进一步降低带宽利用率。

表 2.1 总结了根据 Camek 等人的研究,CAN、以太网和其他汽车网络之间的主要区别[17]。

表 2.1　车载网络对比

类型	最大带宽	最大有效载荷	实时性	开销
CAN	1 Mb/s	8 Bytes	否	低
Ethernet	1 Gb/s	1500/9000[a] Bytes	否	低
LIN	20 kb/s	8 Bytes	否	低
FlexRay	10 Mb/s	254 Bytes	是	中
MOST	150 Mb/s	1014[b]/3072[c] Bytes	否	中

a. Jumbo Frames
b. MOST25
c. MOST150

参考文献:"An automotive side-view system based on Ethernet and IP", by Alexander Camek, Christian Buckl, Pedro Sebastiao Correia, Alois Knoll, 2012, IEEE 26th International Conference on Advanced Information Networking and Applications Workshops(WAINA), P. 242.

2.5 小结

在本章中,我们讨论了将汽车改造为 SDV 所需要的主要硬件组成:各种类型的传感器、计算平台、执行器接口及车载网络。

正如我们所见,有许多类型的传感器可用于 SDV。外部感知传感器的设计是为了让汽车感知周围环境,充当它的"眼睛"和"耳朵"。主动外部感知传感器的工作原理是发射能量并记录返回所需的时间[①]。雷达和激光雷达都发射电磁波,雷达使用无线电波测量其视场内物体的距离和方向;激光雷达使用低功率激光,以点云的形式生成周围环境的 3D 图像。超声波传感器发射超声波,并测量汽车附近物体的距离和位置。相比之下,被动外部感知传感器,如摄像头或全球导航卫星系统,被动地记录它们从环境中接收到的信息。摄像头能够创建汽车周围物体的详细语义图;全球导航卫星系统使汽车能够在世界上的任何地方(但前提是它"可见"足够的卫星)以不超过几米的误差定位自己。

本体感知传感器测量汽车相对于某个参考坐标系的状态。惯性测量单元将许多个这样的传感器组合成一个单元。通常,惯性测量单元使用三轴陀螺仪、三轴加速度计和三轴磁强计测量 9 个自由度;里程计用于测量汽车中每个车轮的速度和行驶距离。正如我们将在第 3 章中看到的,惯性测量单元和里程计使汽车能够对其位置进行航位推算。

SDV 的核心是高性能计算平台。正如我们所看到的,它们在许多方面与家用个人电脑相似,但通常它们使用专用的 GPU 来执行 SDV 所需的复杂计算(这些计算将在第 3 章中讨论)。鉴于 SDV 设计的安全关键性,这些平台必须满足实时性要求。平台还必须能够在极端条件下运行,并应尽可能降低功率。

我们讨论了如何使用可编程执行器和线控系统将计算平台发出的命令转换为对应电子控制单元的纵向(加速和制动)或横向(转向)命令。这些命令是通过被称为执行器接口的抽象层发出的。由于现代汽车中许多电子控制单元和执行器的专

---

① 这里的主动外部感知传感器和被动外部感知传感器,也常被称为有源传感器和无源传感器。——译者注

有性,可能需要用你能够控制的执行器来改装汽车。

最后,我们讨论了车载网络,它是现代汽车的重要组成部分,对 SDV 来说尤其重要。同时,详细介绍了 CAN 和以太网这两种在现代汽车中被广泛使用的网络。我们还研究了一些其他网络类型的相对优点。

在下一章,我们将研究如何将来自不同传感器的数据融合起来,使 SDV 能够准确地感知周围环境,这对于了解它的实际位置(以及如何到达目的地)、了解周围的道路状况及避免与环境中的其他对象发生碰撞至关重要。

参考文献

[1] Mark Walden. Automotive radar – from early developments to self driving cars. *ARMMS RF and Microwave Society*,2015.

[2] David H Sliney and J Mellerio. *Safety with lasers and other optical sources:a comprehensive handbook*. Springer Science and Business Media,2013.

[3] Heinrich Gotzig and Georg Otto Geduld. *LIDAR – Sensorik*,pages 317 – 334. Springer Fachmedien Wiesbaden,Wiesbaden,2015.

[4] Konrad Reif. *Fahrerassistenzsysteme*,pages 321 – 367. Springer Fachmedien wiesbaden,wiesbaden,2014.

[5] K. Hamada. Z. Hu,M. Fan,and H. Chen. Surround view based parking lot detection and tracking. In 2015 *IEEE Intelligent vehicles Symposium*(*IV*),pages 1106 – 1111,June 2015.

[6] NASA. Global positioning system history. https://www.nasa.gov/directorates/heo/scan/communications/policy/GPS_History.html.[Online;accessed 17 – Aug – 2018].

[7] Eyal Schwartz and Nizan Meitav. The sagnac effect:interference in a rotating frame of reference. *Physics Education*,48(2):203,2013.

[8] Arthur Schmidt. Coriolis acceleration and conservation of angular momentum. *American Journal of Physics*,54(8):755 – 757,1986.

[9] Hella. Wheel speed sensors in motor vehicles. function,diagnosis,troubleshooting. http://www.hella.com/epaper/sensoRen/Raddrehzahlsensoren_EN/document.pdf.[Online;accessed 17 – Aug – 2018].

[10] Tanveer Abbas,Muhammad Arif,and Waqas Ahmed. Measurement and correction

of systematic odometry errors caused by kinematics imperfections in mobile robots. In SICE – ICASE, 2006. *International Joint Conference*, pages 2073 – 2078. IEEE, 2006.

[11] US – EIA. Autonomous vehicles: uncertainties and energy implications. https://www.eia.gov/outlooks/aeo/pdf/AV.pdf. [Online; accessed 17 – Aug – 2018].

[12] Society of Automotive Engineers, Vehicle Dynamics Committee. Sae standard j670e: report of vehicle dynamics committee approved July 1952 and last revised July 1976, 1978.

[13] Dataspeed. Robot mobility base | adas kit | vehicle power distribution. http://dataspeedinc.com/what – we – make/. [Online; accessed 17 – Aug – 2018].

[14] PolySync. Open source car control. https://github.com/PolySync/OSCC, Oct 2018. [Online; accessed 17 – Aug – 2018].

[15] Harald Eisele. What can fd offer for automotive networking. In 14. *Internationales Stuttgarter Symposium*, pages 1237 – 1254. Springer, 2014.

[16] Ixia. Automotive Ethernet: an overview. https://support.ixiacom.com/sites/default/files.resources/whitepaper/ixia – automotive – ethernet – primer – whitepaper_1.pdf. [Online; accessed 17 – Aug – 2018].

[17] Alexander Camek, ChristianBuck, pedro Sebastiao Correia, and Alois Knoll. An automotive side – view system based on ethernet and ip. In *Advanced Information Networking and Applications Workshops* (*WAINA*), 2012 26th International Conference on, pages 238 – 243. IEEE, 2012.

第 3 章

感知

人脑非常善于感知周围的环境。事实上,它的功能很强大以至于我们常常把自己的能力当作理所当然的事。当我们过马路时,我们会看看是否有汽车驶来。如果我们看到一辆汽车朝我们驶来,就能够迅速估计它接近我们的速度,并判断是否能够安全通过。我们这样做的很多事情都是下意识的反应,其基于史前时代的本能,旨在保护我们的安全。当看到一个场景时,我们的眼睛只是记录下传递给大脑的光和颜色的模式,然后我们的大脑利用过去的经验将这些模式解释成实际的图像。由于眼睛的光学特性,我们实际上看到的这些图像是颠倒的,但大脑能够正确地解释它们,这样我们就可以完成诸如接球之类的"壮举"。然而,在 SDV 技术上复现这种能力是一项具有挑战性的任务。

我们由前面的章节已经知道,SDV 技术依赖于一系列不同的硬件传感器来实现。但与我们的眼睛作用类似,仅有这些传感器产生的原始数据基本是没有意义的。软件(更确切地说,是感知和导航软件)的工作是解译这些数据,并利用解译的结果来建立汽车周围环境的图像。如果它看到一个高 1.5 m、细长的物体在前面缓慢地穿过马路,它可能会将其识别为行人并将信息传递给控制软件,该软件可以决定汽车是否采取避让措施。

感知功能的目的是尽可能全面、准确地了解汽车的环境,从而为后续导航功能中的决策提供基础依据。感知主要回答"我在哪儿"和"谁在我旁边"的问题。可靠的感知对于确保 SDV 的平稳和安全运行至关重要。

一般来说,动态环境(即含有运动目标的环境)中的感知,可以分解为两个主要的子功能:同步定位与建图(simultaneous localization and mapping,SLAM)和运动目标检测与跟踪(detection and tracking of moving objects,DATMO)。在本章中,我们将详细了解 SDV 如何感知周围世界。

3.1 定位

定位是根据地图确定汽车的位置和方向的过程。这个地图对于在公共道路上行驶的真正的 SDV 来说是全球地图,而对于在有界环境(如工厂)内行驶的汽车来说是更为有限的地图。

人们在机器人的定位技术上已经做了大量的研究。然而,这些机器人和 SDV 之间有一些显著的区别。SDV 通常在已经精确绘制地图的环境中运行,这有助于简化定位问题;但是,SDV 也可以在一个更具挑战性的动态环境中工作,其中目标移动速度更快。

定位有两种方法:第一种是局部或相对定位,将当前姿态(或位置)与上一个姿态进行比较;第二种是全局或绝对定位,使用外部参考来确定当前位姿。这些参考包括卫星或者已知地标。与全局定位法相比,相对定位法通常速度快且需要更少的资源。然而,这种方法会受到误差或漂移的影响,更严重的是,这样也可能出现机器人绑架问题(robot kidnapping problem)[①]。当移动到一个任意的新位置而不知道它们的正确起点时就会出现这种情况;此外,当系统重启或状态遗漏时也可能出现这种情况。在实践中,这意味着这两种技术通常以互补的方式使用。相对定位用于跟踪当前姿态,但定期使用绝对定位可以校正任何漂移的结果或在系统重置后引导定位。

3.1.1 基于全球导航卫星系统的定位

全球导航卫星系统是一种流行的全球定位技术,它为汽车定位提供了简单且廉价的方法。全球导航卫星系统使用三边测量法来确定汽车在世界任何地方的绝对位置。然而,这种方法需要至少三颗卫星的视线,因此不适用于某些卫星被遮挡的使用场景(如室内、高楼密布的城区、隧道等);另一个缺点是定位精度相对较低,可以使用 D-GPS 或 RTK 基站来显著提高精度,但并不是所有的地方都有这些基站。

3.1.2 基于轮式里程计的定位

轮式里程计定位是一种相对定位方法,它使用了轮式传感器和航向传感器。

---

① 指在缺少机器人之前的位置信息的情况下,去确定它的当前位姿。就像人质的眼睛被蒙上布条并运送到未知的地方,此时人质就无法给自己定位了。——译者注

定位通过应用航位推算（dead-reckoning）来完成，这是在古代海上导航中使用的一种简单技术。它根据相对于已知起点的投影方向和行驶距离来估计汽车位置。因为基于里程计的定位不需要任何外部参考，所以这种方法适用于所有操作环境。作为一种相对定位方法，这种技术受到由轮胎打滑、路面不平等因素造成的累计误差影响。因此，定位结果常常只用在短时间内弥补其他定位技术暂时不可用的情况，比如在隧道中行驶的情况。

3.1.3 基于惯性导航系统的定位

与基于轮式里程计的定位类似，惯性导航系统（inertial navigation system，INS）定位是一种不需要任何外部参考物的相对定位技术。基于惯性导航系统的定位是利用航位推算技术对惯性测量单元（inertial measurement unit，IMU）提供的运动和旋转测量值进行处理。惯性测量装置通常由加速度计、陀螺仪和磁力计组成，尽管基于惯性导航系统的定位通常比轮式里程计提供更精确的位姿估计，但它仍然不能克服累计误差，因此需要不时地通过其他（绝对）定位技术进行校正。

3.1.4 使用外部参考进行定位

另一种实现汽车定位的方法是在操作环境中安装额外的配套设备或基础设施。配套设备可以采取被动（不发射）设备的形式，如磁铁和可视标记，或主动（发射）设备，如WiFi和蓝牙信标。基于基础设施的定位通常用于一些定位方法性能不佳的室内环境，根据所使用的技术和设备布置，可以实现稳健且精确的定位。然而，升级基础设计并不总是可行的，因此这种方法不适合大范围使用。Zafari 等[1]与 Brena 等[2]提供了使用此方法的技术与常用技术的比较。

3.1.5 基于激光雷达的定位

基于激光雷达的定位使用"自然"地标，如建筑物、墙壁、树木等，这些都是已经存在于操作环境中的物体。因为这种定位技术的运行不需要任何特殊的基础设施，所以在安装额外的基础设施太昂贵或者根本不可行的情况下，这种技术更适合大范围的使用。

激光雷达可以用于已知地图内的局部和全局定位，定位通常通过扫描匹配（scan matching）来完成。扫描匹配尝试找到两个扫描结果的几何对称性，从而使两个扫描结果能够完全重合，由此找到的几何对称性与引起这种变化的汽车平移和旋转相对应。通过跟踪平移和旋转，可以通过从起点开始并递增后续姿态变化来估计当前姿态。对于全局定位,一些扫描匹配技术也可应用于回环检测(loop closures),即依据当前扫描与先前观察到的扫描是否相似来判断是否再一次访问了当前位置。扫描匹配也是地图构建过程中里程计预校正步骤的一种有效方法,可以显著提高大比例尺环境制图的稳健性和准确性[3]。

扫描匹配

被引用最多的扫描匹配技术无疑是迭代最近点(iterative closest point,ICP),它最初由 Besl 和 Mckay 提出[4],后来被 Lu 和 Milios 用于定位应用[5]。ICP 算法是一种旨在最小化两次扫描间点对点距离的算法。该算法包括三个主要步骤:

1. 对于参考(或第一次)扫描中的每个点,通过选择目标(或第二次)扫描中的最近点或最近邻来寻找对应关系。

2. 计算使参考扫描和目标扫描所得的对应点对的均方误差最小的刚体变换。

3. 直到变换使得参考扫描点集与目标扫描点集满足两点集的平均距离小于某一给定阈值(即达到收敛)。

自 20 世纪 90 年代以来,出现了很多 ICP 变体,并提出了改进原始 ICP 算法的速度、稳定性及抗噪性等方面的新建议。PLICP 是一种 ICP 变体,它使用点到线的距离度量而不是点到点的距离来实现更快的收敛[6]。相关扫描匹配(correlative scan matching),也称为奥尔森扫描匹配,其采用概率方法,通过将问题表述为搜索包含所有可能的变换(关于运动命令或者里程计)的整个空间,来找到最可能观测到这些数据的刚体变换[7]。

另一类方法基于特征到特征的映射,将扫描点提取为一组特征,例如快速激光感兴趣区域变换(fast laser interest region transform,FLIRT)[8],因此,定位是通过将当前观测到的特征与包含位置及其特征的地图或数据库进行匹配来完成的。这种方法对于具有很多可分辨地标的环境特别有效,并且相对于基于点的对应关系,它能更紧凑地表示环境。

基于雷达等其他距离和方位传感器的定位也被研究过。Vivet 等使用慢旋转调频连续波(frequency modulated continuous wave,FMCW)雷达进行里程测量和建图[9]。Ward 等利用基于拓展卡尔曼滤波(extended Kalman filter,EKF)的定位与 ICP 扫描匹配相结合,在低成本雷达上取得了较好的定位效果[10]。

3.1.6 基于摄像头的定位

与基于测距仪的定位一样,基于摄像头或者视觉的定位方法不需要额外的设备。定位是使用单目、双目或者 RGB-D(颜色和深度)摄像头获取环境的视觉特性来完成的。

使用摄像头定位有以下几种方法。视觉里程计(visual odometry, VO)基于连续图像来估计摄像头运动而完成定位,与轮式里程计类似,汽车行驶轨迹是通过从起点开始逐步更新位姿估计得到的。相比之下,视觉SLAM(Visual SLAM, VS-LAM)是在地图中得到全局一致定位,而不仅仅是相对于汽车起点的定位。视觉里程计同样可以应用于视觉SLAM来获得更好的运动估计(与基于传统轮式里程计或基于惯性导航系统的里程计相比)。

视觉SLAM是一个比视觉里程计更困难的问题,它需要更多的计算资源,因为它需要解决回环检测问题并跟踪之前所有摄像头的观测结果。回环检测或者识别当前观测值是否与过去的另一个观测值相匹配,是SLAM技术的一个普遍问题。当检测到回环时,SLAM算法可以同时校正地图和轨迹中的累计漂移,这一步被称为全局光束法平差(global bundle adjustment, GBA)。视觉里程计有时候也会运用光束法平差(bundle adjustment, BA)来创建对轨迹更精确的估计,但通常使用固定数量的近期观察值,即窗口光束法平差(windowed bundle adjustment, WBA)。

基于视觉的定位方法主要有两种:基于特征的方法和基于外观的方法。在基于特征的方法中,从当前观测数据中提取关键特征,如边缘和角点,并将这些特征与迄今为止观察到的所有已知特征进行匹配。而基于外观的方法或直接法都直接使用图像信息(例如,像素强度),因此更适合低纹理或无纹理的环境。但是,它在亮度快速变化和图像模糊的情况下稳健性较差[11]。

最受欢迎的基于特征的视觉定位算法之一是ORB①-SLAM2[12],它适用于单目、双目和RGB-D摄像头。ORB-SLAM2使用了ORB特征[13],这些特征基本上是各种FAST(features from accelerated segments test,加速段测试的特征)关键点检测器和旋转感知的BRIEF二进制描述子的组合。如图3.1所示,ORB-SLAM2使用三个主线程并行执行跟踪、局部建图和回环检测。跟踪线程执行ORB特征检测并与本地地图匹配。局部建图线程管理局部图并进行局部光束法平差优化。最后,用回环检测线程检测回环以避免地图重复,并纠正累积漂移误差。为了使算法能够检测回环或重新定位(例如,由于跟踪失败),在位置识别模块中使用并维护了基于视觉区分词袋(discriminative bags of visual words, DBoW2)[14]的ORB特征数据库。视觉词袋的灵感来源于自然语言处理,视觉词汇是由一组局部特征组成的信息区域。视觉词袋是视觉词汇的集合,通常通过对一

---

① ORB(oriented fast and rotated brief)是指结合了FAST角点检测算法和BRIEF描述子算法,以实现高效且具有旋转不变性的特征提取和匹配的描述算法。——译者注

组包含了大量图像的训练数据集进行特征聚类处理来得到。因此,在视觉词袋的概念中,图像是由在该图像中获得的视觉词汇的频率直方图来表示的,而不考虑它们的空间信息。

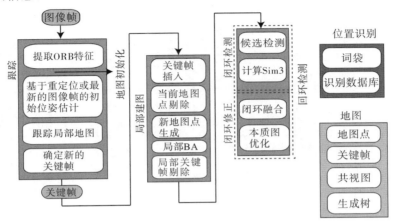

图 3.1　ORB-SLAM2 算法概述(参考文献:"Orb-slam2:An open-source slam system for monocular,stereo,and rgb-d cameras",by Raul Mur-Artal,Juan D Tardós,2017,IEEE Transactions on Robotics Volume 33 No.5,P.1255-1262.© 2017 IEEE)

基于直接法的大范围单目 SLAM(large-scale direct monocular SLAM,LSD-SLAM)[15]和基于直接法的大范围双目 SLAM(stereo large-scale direct SLAM,S-LSD-SLAM)[16]是基于外观的视觉定位方法的关键算法。LSD-SLAM 和 S-LSD-SLAM 都直接对图像强度进行跟踪和映射,因此不像 ORB-SLAM2 那样设计特征检测和匹配。LSD-SLAM(及其双目版本)基本上是基于图像的 SLAM 方法,它使用关键帧作为位姿图。每个关键帧都包含一个估计的半稠密深度图。这里的术语"半稠密"意味着不是所有的图像像素都被使用,而只使用那些强度梯度足够大的像素。如图 3.2 所示,算法由三个主要任务构成:跟踪、深度图估计及深度图优化。在跟踪任务中,采用直接图像对准方法,通过估计刚体变换来确定姿态图约束。在深度图估计任务中,会执行当前深度图的细化或使用当前帧作为新关键帧创建新深度图,并且后者是在摄像头离现有地图太远的情况下执行的。最后在深度图优化任务中计算出由约束造成误差最小时的图配准。这一步可通过任意基于图像的 SLAM 后端框架实现,比如通用/高级图优化(general/hyper graph optimization,g2o)[17]或稀疏光束法平差(sparse bundle adjustment,SBA)[18]。基于图像的 SLAM 方法将在 3.3 节的最后一部分中进行更详细的讨论。

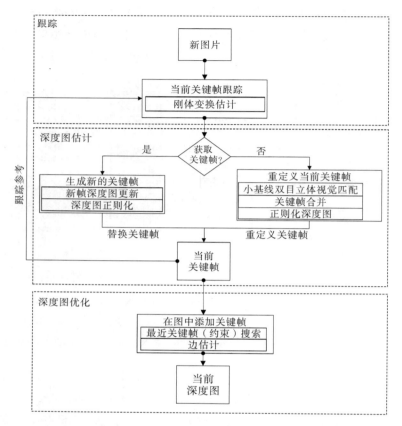

图 3.2　LSD-SLAM 算法概述（参考文献："LSD-SLAM：Large-Scale Direct Monocular SLAM"，by Jakob Engel，Thomas Schöps，Daniel Cremers，2014，Computer Vision-ECCV 2014. Lecture Notes in Computer Science，vol 8690. Springer，Cham）

3.1.7　基于多传感器数据融合的定位方法

在现实中，SDV 使用上述方法的组合，以获得在各种情况下的最佳结果。当基于全球导航卫星系统的定位不可靠时（例如，在城市高层建筑之间行驶时），需要依赖其他方法定位，如利用基于视觉和激光雷达的里程计。将来自不同传感器的数据或结果组合起来的技术称为多传感器数据融合，将在 3.5 节中讨论。

3.2 建图

上一节中的纯定位技术是基于这样一个假设,即预先可以获得高度精确的地图。然而,实际上,这种高清地图一般不公开,大部分情况下需要自行生成。在本节中,我们将讨论 SDV 常用的不同类型的地图。模型或地图类型的选择取决于几个因素,包括使用的传感器类型、计算平台的内存和处理能力、使用的定位算法等。

3.2.1 占据栅格地图

占据栅格地图(occupancy grid maps)无疑是机器人学和 SDV 中最流行的地图类型。占据栅格地图将环境离散为一组方形单元(或三维地图中的立方体单元)。这类地图中的每个栅格都包含被占用或空闲的概率。由于其通用性,占据栅格地图也是多传感器数据融合常选择的地图。

3.2.2 特征图

特征图或者地标图(landmark maps)包含独特的物理元素,如树木及其在环境中的位置。一方面,与占据栅格地图相比,特征图由于具有更高的抽象层次从而具有更紧凑的表示形式,并且对传感器观测值的微小变化更具稳健性。另一方面,选择最适合特定 SDV 工作环境的正确特征可能是一个挑战。此外,在线执行特征提取和匹配会增加计算负担。图 3.3 展示了悉尼维多利亚公园的特征图,其中每个特征都以圆形高亮标出。

3.2.3 关系图

关系图定义了环境元素之间的关系。它与前面的地图类型不同,是基于环境中的空间信息工作的。关系图中常见的类型是位姿约束图,如图 3.4 所示,主要用于 SLAM。在位姿约束图中,图中的元素是汽车位姿,即位置和方向,以增量方式构建并用图表示。地图中的元素(或图中的节点)用边相互连接,以边表示位姿间的空间约束,而这些约束通常基于里程计的测量值。

图 3.3 特征图示意图(参考文献:"Selective Submap Joining SLAM for Autonomous Vehicles", by Josep Aulinas, 2011, Doctorial dissertation, university of Girona, Spain)

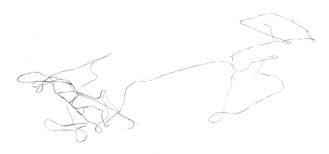

图 3.4 位姿约束图示意图(参考文献:"Simultaneous localization and map building: Test case for outdoor applications", by Jose Guivant and Eduardo Nebot, 2002, IEEE Int. Conference on Robotics and Automation)

3.2.4 其他类型地图

除了上面提到的那些,还有其他几种地图表示法。占据栅格地图存储所有单元的占用信息,而基于点的地图(point‑based map)是一种更紧凑的地图类型,它只包含占用的信息,例如由激光雷达传感器检测到的实体对象的一组三维点云。相反,自由空间地图(free-space map)是另一种内存优化的地图类型,它只保存自由空间信息。自由空间可以用几何形状来表示,例如梯形、圆锥体等,或者以沃罗诺伊图(Voronoi graph)表示。另一种流行的地图类型是线图(line map),它用一组线来表示环境。文献[19]提供了常见的地图类型在紧凑性、所需计算速度、详细程度和其他方面的比较。

3.3 SLAM

正如我们在上一节所看到的,只有当汽车的确切位姿已知时才能建立一个精确的地图。在现实中,由于传感器的测量误差,确定汽车的精确位姿是一项困难的任务。SLAM 试图去解决这个经典的"鸡生蛋还是蛋生鸡问题"。SLAM 这项技术旨在对环境建立一个准确的地图并同时在地图中定位汽车。如图 3.5 所示,受到测量误差及漂移等客观情况影响,汽车的真实位置是未知的。由上一次估计的位姿 x_k 及汽车控制 u_{k+1} 可计算得估计位姿 x_{k+1},而 $z_{k,j}$ 代表汽车在位姿 x_k 时与观测的地标 m_j 间进行测量的距离。这里存在的问题是,观测的地图特征和汽车报告的位置都存在误差,并且这些误差会随着汽车离最后一个已知位置的距离增加而增大。然而,由于回环检测,一旦整个路线在一个环路中多次出现,则 SLAM 可以生成一致且精确的地图。然后在定位模式下执行相同的 SLAM 算法(无需建图),可以使用生成的地图精确定位该地图内任何位置的汽车。

在经典的机器人文献中,SLAM 问题有时分为完全 SLAM(full SLAM)问题和在线 SLAM(online SLAM)问题。完全 SLAM 的目标是估计整个路径和地图,而在线 SLAM 只估计最近的位姿和地图。给定 $\boldsymbol{X}_T = \{x_0, x_1, \cdots, x_t\}$ 为路径或者行驶中的定位序列,x_0 为起点;m 为环境地图;$\boldsymbol{Z}_T = \{z_0, z_1, \cdots, z_t\}$ 为测量结果的序列;$\boldsymbol{U}_T = \{u_0, u_1, \cdots, u_t\}$ 为控制输入的序列。完全 SLAM 问题可用数学表达式表示为如下形式:

$$P(\boldsymbol{X}_T, m | \boldsymbol{Z}_T, \boldsymbol{U}_T) = P(x_{0:t}, m | z_{1:t}, u_{1:t}) \tag{3.1}$$

在线 SLAM 问题可以表示为如下形式:

$$P(x_t, m | z_{1:t}, u_{1:t}) = \int_{x_0} \int_{x_1} \cdots \int_{x_{t-1}} P(x_{0:t}, m | z_{1:t}, u_{1:t}) \mathrm{d} x_{t-1} \cdots \mathrm{d} x_1 \mathrm{d} x_0 \tag{3.2}$$

自从 SLAM 问题在 20 世纪 80 年代中期首次被描述以来,人们已经提出了多种解决该问题的算法[20]。通常,SLAM 算法可以分为两种主要方法:滤波方法(filtering approach)和优化方法(optimization approach)。

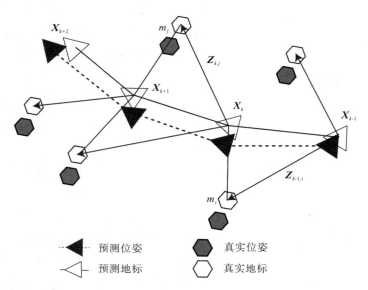

图 3.5 SLAM 问题(参考文献:"Simultaneous Localisation and Mapping(SLAM):Part I The Essential Algorithms", by Hugh F. Durrant-WhyTe, and Tim Bailey, 2006, IEEE Robotics and Automation Magazine Volume 13 Number 2, P. 99-108)

3.3.1 滤波方法

滤波方法是指根据过去的观测值估计当前未知状态的技术。因此,它会随着加入新的观察结果而不断地改进其内部认知。这种方法有两个重要的变体:卡尔曼滤波器和粒子滤波器。

3.3.1.1 卡尔曼滤波器

卡尔曼滤波器是一种贝叶斯滤波器,它假设系统中的所有噪声都是高斯噪声。如图 3.6 所示,卡尔曼滤波器是一种递归方法,主要有两个步骤:预测和更新。预测中,使用最近一次状态估计 $\hat{x}_{k-1|k-1}$ 和上一次迭代(或初始估计)的误差协方差估计 $P_{k-1|k-1}$ 来计算预测状态估计 $\hat{x}_{k|k-1}$ 和预测误差协方差 $P_{k|k-1}$。更新包括用最新测量值 y_k 来修正在上一步中计算的状态估计并生成新的状态估计 $\hat{x}_{k|k}$,然后更新误差协方差估计为 $P_{k|k}$。贝叶斯滤波方法(Bayesian filtering approach)是一

种概率方法,它使用递归贝叶斯推理框架来估计未知的概率分布(估计的状态)。两种最流行的使用这种方法的 SLAM 算法是拓展卡尔曼滤波器(extended Kalman filter,EKF)和无迹卡尔曼滤波器(unscented Kalman filter,UKF)。

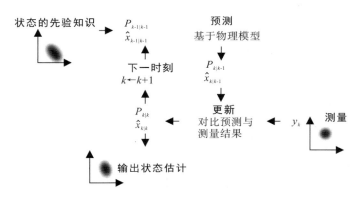

图 3.6　卡尔曼滤波器算法（© Petteri Aimonen / Wikimedia Commons/CC‑Zero‑1.0）

拓展卡尔曼滤波器和无迹卡尔曼滤波器可用于包含非线性运动、非线性观测模型的系统,这使得它们非常适合用于 SDV,因为普通传感器,如摄像头、激光雷达、超声波和普通雷达使用极坐标系(含角度和距离),当转换到笛卡儿坐标系 (x,y,z) 时,会引入非线性项。此外,运动模型通常涉及平移和旋转,这可能是非线性的。

线性卡尔曼滤波器被证明总能产生线性系统的最优解,而拓展卡尔曼滤波器和无迹卡尔曼滤波器只能给出估计状态的非线性概率分布的近似值。拓展卡尔曼滤波器使用一阶泰勒展开的线性化方法来逼近非线性概率分布,而无迹卡尔曼滤波器是基于无迹变换(unscented transformation,UT),它使用一组特别选择的加权点,即西格玛点,来表示未知的概率分布。为了保持分布的协方差和均值,所需的点数被定义为 $2L+1$ 个,其中 L 是维数。所以对于二维概率分布,需要五个点:一个均值点和均值两侧的两个点。卡尔曼滤波器更新过程直接将这些西格玛点应用于非线性函数,因此,不再需要计算非线性函数的偏导,如 EKF 情况下的雅可比矩阵。在某些模型中,这些偏导可能很难获得,甚至可能不以封闭形式存在。

拓展卡尔曼滤波器 SLAM 和无迹卡尔曼滤波器 SLAM 就是简单地将拓展卡尔曼滤波器和无迹卡尔曼滤波器分别应用于求解 SLAM 问题。拓展卡尔曼滤波器 SLAM 是第一个针对在线 SLAM 问题提出的解决方案,首先由 Smith、Self 和 Cheeseman 提出[21]。正是由于这两种方法的结构特性,它们对于处理基于地标的地图(即保持地标位置的地图)非常有用,并且几乎花费同样的计算时间。然而,众所周知,因为随着地标数量的增加,这两种方法复杂性显著增加,所以对大范围地图基本无效。因此,拓展卡尔曼滤波器 SLAM 和无迹卡尔曼滤波器 SLAM 通常仅用于在小范围环境中运行的 SDV,例如具有可区分地标的密闭空间或私人道路。

3.3.1.2 粒子滤波器

前一节的卡尔曼滤波器依赖于一个很强的假设,即未知概率分布服从高斯分布。尽管这种假设在许多使用场景下都能很好地工作,但高斯分布对于其他一些场景来说太简单了。卡尔曼滤波器的另一个局限性是,由于其服从单峰概率分布模型,它一次只允许对当前状态(地图和位姿)进行一个假设。想象一下在地图上两个不同的位置之所以具有相似的传感器测量特征,是因为在任何时候只有一个假设是可能的,所以滤波器必须从两个候选位置中选择一个。如果滤波器选择错误,那么所有后续观测结果都将与历史记录中之前的认知不一致,因此,滤波器会陷入错误的认知中,并且永远都不会收敛,除非它找到从这种情况中恢复自身的方法或者重新初始化。

由于粒子滤波器并不局限于高斯噪声假设,所以克服了这些限制,换句话说,该方法不考虑未知概率分布,因此更适合于复杂的非线性、非高斯模型。该方法基于一种称为序贯蒙特卡罗(sequential Monte Carlo,SMC)的技术,这种技术将未知概率分布近似为加权样本或"粒子"的总和,使用重要性抽样(importance sampling)法从建议分布中随机抽取得到[22]。

请注意,由于我们要近似的目标分布是未知的,因此我们无法从中提取任何样本。然而,我们可以使用上述提及的重要性抽样法来间接生成样本,即从不同的概率分布(也称为建议分布)中提取样本,并为所有样本分配权重(称为重要性权重),使其加权密度与目标分布成比例。图 3.7 说明了重要性抽样法的原理。通过从建议分布 $g(x)$ 中采样并分配重要性抽样法权重 $w(x)=f(x)/g(x)$ 来近似得到未知目标分布 $f(x)$。

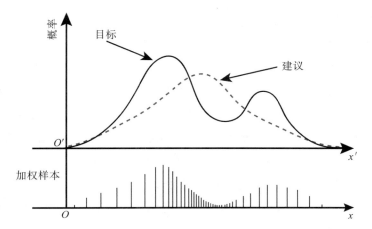

图 3.7 重要性抽样法(参考文献:"FastSLAM. A scalable method for the simultaneous localization and mapping problem in robotics",by Michael Montemerlo,Sebastian Thrun,2007,Springer Tracts in Advanced Robotics,P. 37. © 2007 Springer Berlin Heidelberg)

在 SLAM 的环境下,粒子滤波器中的每个粒子都包含一个对地图和汽车姿态的具体假设。在每次迭代中,根据汽车的运动模型和传感器测量数据,更新每个粒子的地图和位姿估计。此外,对每个粒子的权重根据观测概率重新分配。然而,众所周知粒子滤波器受到维数灾难(curse of dimensionality)的困扰,因为确保密度与目标分布一致所需要的粒子数随着系统维数增加呈指数增长[23]。

能够缓解这个问题并且最直观的方法是减小状态空间的大小。常用的方法是将 Rao – Blackwellization 技术应用于粒子滤波器,得到 Rao – Blackwellized 粒子滤波器(Rao – Blackwellized particle filter,RBPF),即 RB 粒子滤波器。这个想法建立在观测的基础上,如果我们知道轨迹,就可以建图。由于地图和位姿估计之间有很强的相关性,因此不再需要对这两个分布都进行采样,这使得 RB 粒子滤波器比标准粒子滤波器更有效。

RB 粒子滤波器 SLAM 将 SLAM 问题分解为两个状态子空间,即轨迹子空间和受轨迹约束的地图子空间,公式如下:

$$P(x_{1,t},m \mid z_{1,t},u_{0,t-1}) = P(x_{1,t} \mid z_{1,t},u_{0,t-1}) \cdot P(m \mid x_{1,t},z_{1,t}) \quad (3.3)$$

可以证明,式(3.3)中地图子空间的后验概率(后验概率的第二部分)可以分解为如下形式[24]:

$$P(m \mid x_{1,t},z_{1,t}) = P(x_{1,t} \mid z_{1,t},u_{0,t-1}) \cdot P(m \mid x_{1,t},z_{1,t}) \quad (3.4)$$

将分解的后验概率应用于式(3.4),因此全后验概率转变为

$$P(x_{1:t}, m \mid z_{1:t}, u_{0:t-1}) = P(x_{1:t} \mid z_{1:t}, u_{0:t-1}) \cdot \prod_{n=1}^{N} P(m_n \mid x_{1:t}, z_{1:t}) \quad (3.5)$$

注意,后验概率的第一项 $P(x_{1:t} \mid z_{1:t}, u_{0:t-1})$ 基本上可以看作是一个基于观测 Z 和运动控制 U 的定位问题,可以用标准粒子滤波来解决。第二项的地图估计可以使用卡尔曼滤波器高效计算,如流行的 FastSLAM 算法[25]中的拓展卡尔曼滤波器。在 FastSLAM 中,每个粒子都包含一个轨迹估计值和一组低维拓展卡尔曼滤波器,这些拓展卡尔曼滤波器可以分别估计地图中每个地标的位置。

粒子滤波的一个常见问题是所谓的粒子退化(particle degeneracy),即经过多次迭代后,大部分粒子权重变得很小而可以忽略。主要有两种办法来防止退化,即重抽样和使用更合适的建议分布。

重抽样的基本思想是保留最有可能的粒子,替换不太可能的粒子,从而减少低质量粒子的数量。然而,一个好的重抽样策略是至关重要的,以免粒子滤波器陷入另一个被称为粒子贫化(particle impoverishment)的问题。粒子贫化问题是滤波器失去多样性的情况,即滤波器开始依赖小部分重要性权重很大的粒子而大多数权重较小的粒子被抛弃。这种情况无疑削弱了粒子滤波器的多假设的优势,而被抛弃的粒子可能是重要的假设。文献[26]提供了常见的重抽样算法的概述及它们之间的比较。一个好的重抽样策略要明确在什么时间(或者什么频率)进行重抽样,因为每次重抽样都会增加方差。一般规则是在有效样本大小(effective sample size, ESS)低于某个确定阈值时重抽样[27]:

$$N_{\text{ESS}} = \frac{N}{1 + N^2 \text{Var}(w_{k|k}^i)} \quad (3.6)$$

其中,N 是粒子数;$\text{Var}(w_{k|k}^i)$ 是所有粒子权重的方差。式(3.6)有时用下面的式子近似[28]:

$$\hat{N}_{\text{ESS}} = \frac{1}{\sum_{i=1}^{N} (w_{k|k}^i)^2} \quad (3.7)$$

另一种提高粒子滤波器性能的方法是使用更好的建议分布。如果建议分布最小化了重要性权重的条件方差,则将其描述为最优分布[29]。直观地说,建议分布越好,它就越接近真实的后验概率,而从中提取的新样本就越符合观察结果。实现它的一种方法是将最近的观测结果并入到建议分布中,这是 FastSLAM 2.0(FastSLAM 的改进版本)采用的方法。最优建议分布不仅需要更少的粒子数来获

得与标准方法相同的性能(由于方差的减少),而且还使算法对大运动的不确定性更加稳健。

3.3.2 优化方法

从本质上讲,滤波方法的工作原理是当顺序搜集新的测量值时,对过去的观测信息进行汇总,并在时间维度上进行整合和处理。这里的信息包括地图中所有特征的联合概率分布(描述特征间的相互关联性)和当前位姿,其他所有位姿不考虑。相比之下,优化方法使用平滑原理。这意味着从一开始到当前观测的所有位姿和测量值都被用来寻找最有可能的总体轨迹,即与整个观测集最一致的轨迹。

因为所有过去的观测都被考虑在内,所以优化方法实际上是一个完全 SLAM 问题的解决方案。然而,这并不意味着优化方法只能通过离线使用批处理操作来实现。我们将在下一节中看到,一些优化方法也适用于解决在线 SLAM 问题。事实上,优化方法一直主导着最先进的 SLAM 算法,是构建大范围地图的关键因素[30]。

优化方法主要由两个部分组成:前端(front-end)和后端(back-end),如图3.8所示。前端是依赖于传感器的过程,负责从传感器数据中提取相关特征,并进行数据关联。局部或短期数据关联是通过跟踪两个连续测量值之间的特征来实现的,通常是为了校正里程计,即获得对汽车运动的更好估计。为了使算法生成一致的地图,这一步很重要。可执行全局或长期数据关联以实现回环检测,即判断汽车是否再次访问观测历史中的某个位置。后端负责找到与所有观测值最大程度一致的最优解,一般称为求解最大后验概率(maximum a posteriori probability, MAP)估计问题,其定义如下:

$$X^* = \arg\max_{X} P(X|Z) \qquad (3.8)$$

其中,X^* 为随机变量 X 的最优解,它可以最大化观测量 Z 的置信度。应用贝叶斯理论,式(3.8)可改写为

$$X^* = \arg\max_{X} \frac{P(Z|X)P(X)}{P(Z)} \propto \arg\max_{X} P(Z|X)P(X) \qquad (3.9)$$

其中,$P(Z|X)$ 是观测量 Z 在给定条件 X 下的概率;$P(X)$ 是 X 的先验概率。注意,在未知先验概率或假设先验均匀分布的情况下,式(3.9)中的 $P(X)$ 变为常数,最大后验概率估计简化为最大似然估计(maximum likelihood estimation, MLE)问题。

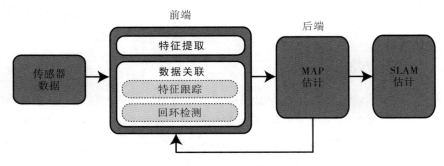

图 3.8 SLAM 的前端和后端

我们现在将研究优化方法的两个主要变体：基于图优化的 SLAM(graph-based SLAM)和光束法平差。

3.3.2.1 基于图优化的 SLAM

基于图优化的 SLAM 通过构造位姿约束图并找到与图最一致的配置（各点的位姿）来解决 SLAM 问题。图中的每个节点表示一个汽车位姿，并通过表示位姿之间的空间约束（平移和旋转）的边连接到另一个节点。构建图和数据关联由特定于传感器的前端组件完成。后端部分采用非线性最小二乘法，如高斯-牛顿(Gauss-Newton)法或利文贝格-马夸特(Levenberg-Marquardt)法求解最大似然估计。

让我们用一个简单的例子来说明基于图优化的 SLAM 是如何工作的。从任意初始位置开始，我们向汽车发送一个加速指令，例如，在一秒钟内直向地（0 转向角）从 0 加速到约 10 km/h。在理想情况下，汽车现在应该位于距离起始位置 2.78 m 的位置，然而由于车轮摩擦、能量损失等原因，我们的里程计只能读到小于这个值的数据，如 2 m。我们假设汽车前面还有一个前视摄像头进行视觉里程测量。视觉里程计往往比车轮里程计更准确，因此我们从视觉里程计中取校正值。根据视觉里程计的计数，我们的汽车实际行驶了 2.5 m，偏离初始位置 3°。两次连续观测的里程计校正正是 SLAM 前端的短期数据关联部分。现在我们的图有两个节点，一个是初始位姿，另一个是当前位姿，它们由一个弧连接，该弧描述了由短期数据关联产生的平移值和旋转值。需要对长期数据关联部分进行回环检测，并确定当前观测值是否与历史上的观测值匹配。为了能够做到这一点，每个节点都需要存储一些传感器在该位姿下感知到的环境信息。理想情况下，信息应该能够唯一地标识地图中以前的位置，同时不需要消耗大量的 CPU 和内存资源来进行提取、比较和存储。根据使用的传感器技术，用于数据关联的信息可能是视觉词袋（bag of Visual Words，BoVW）、地标坐标等。

图中的每个节点也称为关键帧（keyframe），它表示汽车连续行驶中当前状态的快照。在图中创建关键帧的频率通常是性能/精度的权衡，需要通过实验确定。一方面，如果关键帧的创建过于频繁，则创建图及前端和后端过程需要更多的计算和内存资源。另一方面，频率较低的关键帧消耗较少的资源，但该算法可能会错过一个重要的回环情况。配置也取决于驾驶场景。当行驶同样的距离（如 10 m），在城市场景中收集到的相关信息比在公路上行驶收集到的信息要多得多。

后端过程通过对底层图进行优化来寻找图中所有节点的配置，从而最大化所有观测值的似然性。回想一下，在先验概率未知或假设先验概率均匀分布的情况下，最大后验概率问题等价于最大似然估计问题：

$$X^* = \arg\max_X P(Z|X) \tag{3.10}$$

假设每个观测值都是独立的，所有观测值的总体可能性可定义为单次观测可能性的乘积，如下所示：

$$L(Z|X) = \prod_{i=0}^{n} L(Z|x_i) \tag{3.11}$$

其中，$L(Z|x_i)$ 是在给定单个配置 x_i 的情况下，观测量 Z 的似然值。

通常的做法是将上述方程改写为对数似然函数，这样整体似然变成了累加函数，如式（3.12）所述：

$$\log L(Z|X) = \log \prod_{i=0}^{n} L(Z|x_i) = \sum_{i=0}^{n} \log L(Z|x_i) = \sum_{i=0}^{n} l(Z|x_i) \tag{3.12}$$

其中，$l(Z|x_i) = \log L(Z|x_i)$。

结果表明，找到所有观测值的可能性最大的最佳配置 X^* 相当于找到所有节点上所有预期测量值与实际测量值的差之和最小的配置。实际测量值与预期测量值之间的偏差称为误差（或代价）函数，表示如下：

$$e_{ij}(x_i, x_j) = z_{ij} - \hat{z}_{ij}(x_i, x_j) \tag{3.13}$$

其中，z_{ij} 是从节点 x_i 到 x_j 的实际测量值；$\hat{z}_{ij}$ 是两节点间期望的观测值。建模时，令 Ω_{ij} 表示观测的不确定度；$e_{ij}(x_i, x_j)$ 作为成本函数表示实际测量值与期望值的偏差；C 表示对于所有观测 Z 的约束对集合，见图 3.9。我们希望找到使负对数似然函数 $F(x)$ 最小化的最佳配置 X^*，如式 3.14 所示：

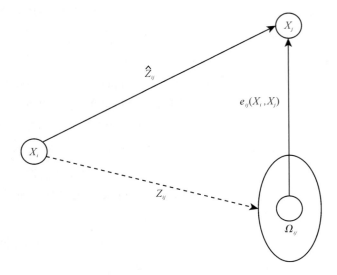

图 3.9 基于图优化的 SLAM 成本函数模型

$$\boldsymbol{X}^* = \arg\min_{x} \boldsymbol{F}(\boldsymbol{x}) \tag{3.14}$$

其中

$$\boldsymbol{F}(\boldsymbol{x}) = \sum_{\langle i,j \rangle \in C} e_{ij}^{\mathrm{T}} \Omega_{ij} e_{ij} \tag{3.15}$$

式(3.14)和式(3.15)形成了通常所说的目标/成本函数(objective/cost function)$\boldsymbol{F}(\boldsymbol{x})$上的最小二乘最小化。在文献中有很多解决这个问题的方法。然而,与其他非线性最小二乘问题一样,SLAM 通常没有任何闭合形式的解[31]。因此,解决该问题通常需要一种算法,该算法从初始值(可以是随机选择的、猜测的或基于启发式的)开始,并迭代地最小化成本函数直到收敛。一些流行的标准算法是梯度下降(gradient descent,GD)法、高斯-牛顿法和利文贝格-马夸特法。使用梯度下降法时,沿梯度反方向,以与梯度大小成比例的步长迭代,直到达到局部最小值。由于使用了梯度,即成本函数的一阶导数,梯度下降法有时也被称为一阶优化法。高斯-牛顿法在每次迭代中用一阶泰勒展开式来线性化或近似成本函数,并根据迭代后的结果计算新的步长。利文贝格-马夸特法可以视作是梯度下降法与高斯-牛顿法的组合,如果当前迭代中的参数与最优值相差很远,则利文贝格-马夸特法使用更大的步长(或阻尼系数),其工作原理与梯度下降法类似;而如果当前参数与最优值接近,则利文贝格-马夸特法使用更小的步长,此时工作原理更像高斯-牛顿法。

将上述标准非线性最小二乘法直接应用于 SLAM 问题可能会导致次优结果，因为参数（配置 X）被假定存在于欧几里得空间中[32]。从而，由于旋转参数的空间不是欧几里得的，所以对现代 SLAM 后端通常进行流形上的最小二乘优化。流形是局部类似于欧几里得空间的拓扑空间，但整体上可能不相同[33]。流形上的优化与欧几里得空间上的优化基本是同样的结构，对于每一次迭代，在局部欧几里得近似空间中计算一个新的步长，在全局非欧几里得空间中投影累积增量，并重复该过程直到收敛。

一些基于图优化的 SLAM 的开源实现可以在互联网上获取，并且在文献[30]中提供了一些流行的开源实现的列表。

3.3.2.2 光束法平差

光束法平差是一种视觉重建技术，旨在将三维结构和参数（位姿、校正）联合起来进行优化，可从文献[34]中查看模型。光束法平差最初用于航空制图，它用于优化调整每个图像特征发出的光束，使得它们都围绕一个点，即在摄像头焦平面的中心汇聚。如图 3.10 所示，地面控制点是地球表面上具有已知地面坐标的固定（通常是物理标记的）点，连接点指具有未知坐标的可识别特征的点，可用作参考点。该方法可用于寻找光束的最佳调整方式，从而使得来自每个特征和参考地标的光线汇聚于摄像头中心。

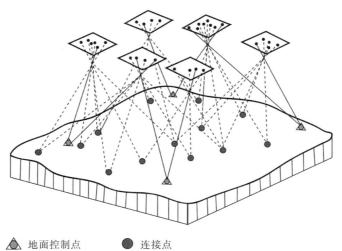

▲ 地面控制点　● 连接点

图 3.10　航空测绘中的光束法平差

与基于图优化的 SLAM 技术类似,光束法平差通常被描述为一个非线性最小二乘问题,这种做法的目标是找到使成本函数最小的最优配置。一个常用的成本函数是重投影误差,即观测到的特征位置与每个对应的 3D 点在每个图像平面上的期望 2D 投影之间的差,在式(3.16)中表示如下[35]:

$$\arg\min \sum_{i=1}^{n}\sum_{j=1}^{m} d\left(P(\bm{a}_j,\bm{b}_i),x_{ij}\right)^2 \quad (3.16)$$

其中,向量 $\bm{a}_j$ 代表摄像头参数;$\bm{b}_i$ 是所有可见的 3D 点在图像 j 上的坐标;x_{ij} 是在图像 j 上对应的 3D 特征点 i;$P(\bm{a}_j,\bm{b}_i)$ 是 3D 点 i 在图像 j 上投影的估计;$d(\bm{x},\bm{y})$ 代表向量 $\bm{x}$ 与 $\bm{y}$ 间的欧几里得距离,如图 3.11 所示。图中,重投影误差 d_{ij} 定义为点 X_j 和 P_iX_j(点 X_j 在图像 i 上投影的估计)的欧几里得距离。

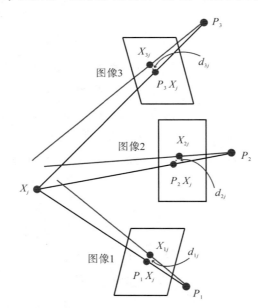

图 3.11 采用 2D 投影误差($d_{1j}+d_{2j}+d_{3j}$)之和作为光束法平差成本函数的示意图

将光束法平差应用于一般的 SLAM 问题,我们可以将问题重新表述为寻找一个最优配置,以此来最小化观测到的地标位置与预期位置的差异(由汽车运动造成)。因此,成本函数是地标观测误差和里程计误差之和,或位姿-地标误差和位姿-位姿误差之和[36]。位姿-地标的约束集基本上是一个地图,因为它包含所有观察到的地标的位置。注意,如果我们忽略了位姿-地标的约束,或者不考虑地图,光束法平差就会归结为基于图优化的 SLAM 问题。因此,基于图的 SLAM 也可以称为光束法平差的一个特殊实例,它可以应用于不使用地图中任何地标或特征的场景。

注意,在确定了一个非线性最小二乘问题后,我们还可以通过应用基于图优化的 SLAM 部分末尾提到的标准方法来求解光束法平差问题。通常,使用利文贝格-马夸特法求解光束法平差问题,然而由于成本函数中包含大量未知变量,直接将利文贝格-马夸特法应用于光束法平差问题计算量很大,不适合在线求解问题,因此提出了一些优化方法来降低复杂度。一种方法是局部光束法平差(local bundle adjustment,LBA)或者滑动时间窗法(sliding time window approach),它只对最近 n 个图像进行最小二乘优化并且只在最后 N 帧考虑 2D 重投影[37]。另一种方法是使用狗腿(dog leg)最小化算法,应用这种算法可以取得与利文贝格-马夸特法相同的结果,但计算时间短得多[38]。文献[39]提供了对当前光束法平差优化的概述。

3.4 目标检测

SDV 需要的基本能力之一是目标检测。目标检测不仅是 SDV 安全驾驶(即防止碰撞/事故)的必要条件,而且对环境的正确了解也很重要,这样它才能对当前情况做出最佳决策。作为人类驾驶员,我们需要同时执行大量的目标检测任务(有时不是刻意的)。我们不仅需要识别环境中的移动物体,如汽车、行人、自行车,还需要识别静态物体,如车道边界、交通标志、交通信号灯等。在今天,计算机要实现这些能力仍然是非常具有挑战性的。然而,一些有发展潜力的技术,如深度学习(本节后面将简要介绍,第 7 章将详细介绍),使之成为可能。

在计算机视觉文献中,目标检测通常划分为以下几个子问题:
- 目标定位,即确定被检测对象的边界框。
- 目标分类,即将检测到的目标分类到预定义的类别中。
- 语义分割,即将图像分割成语义上有意义的部分,并将每个部分划分为一个预先确定的语义区域。

图 3.12 和图 3.13 阐明了上面几个子问题的区别。

图 3.12 目标定位和分类（参考文献："Cars driving on a rainy day"，by Good Free Photos. © 2018 GoodFreePhotos.com/CC-Zero-1.0）

■ 运动中的汽车　■ 道路　■ 植被

图 3.13 语义分割（参考文献："Old Nenana Highway Ester，Alaska"，by user：RadioKAOS. © RadioKAOS）

自 20 世纪 60 年代中期以来，目标检测一直是计算机科学研究的热点，人们针对这一问题提出了许多建议。文献[40]简要介绍了流行的方法。一般来说，解决目标检测问题包括以下步骤(见图 3.14)：

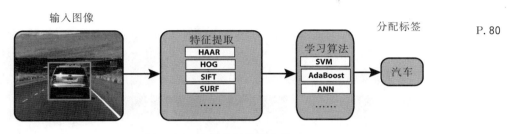

图 3.14　通用目标检测方法

● 预处理

预处理步骤"标准化"图像，即对原始图像进行一些调整，以此来匹配后续特征提取步骤的预期输入格式。它可能涉及图像旋转和大小、亮度调整等。具体要执行的操作取决于特定的应用程序，有的方法甚至完全跳过预处理步骤。

● 特征提取

特征提取步骤从图像中删除不重要或无关的信息，并只保留相关的信息(或特征)用于分类。它将图像以特征图形式表示。

● 分类

最后一步将特征图与表示每个预定义类的参考特征图相匹配。

3.4.1　特征提取

目标检测的主要挑战在于特征工程，即设计特征描述子，使每个类之间能够清楚地区分开来。假设我们想对桌子进行一个简单的分类，即如果输入的是桌子的图像，则计算机可以正确地输出"table"，否则输出"not a table"。一个非常简单的特征描述子可能是"一张桌子有四条腿"的函数。基于该特征描述子，我们只提取图像中与桌子腿相似的部分信息，而忽略图像中的其他信息。在分类步骤中，确定与桌子腿相似部分的数目，并且基于此做出决定。无论最后一步中分类器性能如何，使用这样一个糟糕的特征描述子一定会导致糟糕的分类结果，因为很多桌子没有四条腿，比如单腿吧台；同样，世界上有很多东西有四条腿但不是桌子，比如狗。

幸运的是，学术界已经开发了很多通用的特征描述算法并成功地应用于解决广泛的目标检测问题。下面介绍一些最流行的算法。

3.4.1.1 方向梯度直方图

方向梯度直方图(histogram of oriented gradients,HOG)描述子[41]使用强度梯度或边缘方向的分布(或直方图)来表示局部对象的外观和形状。如图 3.15(b)所示,该算法将图像分成小单元,并计算单元中每个像素的方向梯度直方图。通常,在连接所有局部直方图以形成最终描述符之前,可以使用多个小单元组成的块或一组相连接的单元的平均强度值对局部直方图的对比度进行归一化处理。

(a)原始图像　　　　(b)对应的HOG特征　　　　(c)边界框中检测到的对象

图 3.15　基于 HOG 描述子的特征检测示意图(参考文献:"Abbey Road Crossing",by Sparragus. © Sparragus)

3.4.1.2 尺度不变特征变换

尺度不变特征变换(scale – invariant feature transform,SIFT)[42]将图像表示为一组不变的关键点,即图像中的局部特征在旋转、平移、缩放、照明和其他观察条件下是不变的。对于每个关键点,使用图 3.16(b)和(d)所示的梯度幅度和方向直方图计算 128 个矢量作为特征。最后,可以将该特征与一组已知特征进行比较,以确定对象是否与图 3.16(e)中所示的相同。

(a)原始图像 1　　　　　　(b)原始图像 1 的 SIFT 特征检测结果

(c) 原始图像 2　　　　　　　(d) 原始图像 2 的 SIFT 特征检测结果

(e) 基于 SIFT 特征的目标匹配结果

图 3.16　由原始图片(a)和(c)计算 SIFT 特征得(b)和(d),将两图进行比较得到目标匹配结果(e)(参考文献:"Glyptothek in München in 2013", by High Contrast, and "München Glyptothek GS P1070326", by Georg Schelbert. © High Contrast , © Georg Schelbert)

3.4.1.3　最大稳定极值区域

最大稳定极值区域(maximally stable extremal regions,MSER)[43]是一种斑点检测法,它的工作原理是检测一个区域(或一组相连的像素)相对于周围环境的属性变化。如图 3.17(a)和(b)所示,MSER 方法将图像描述为一组最大稳定极值区域或几乎不变的区域(尽管强度发生变化),换言之,它试图找到在各种亮度下仍然可见的区域。MSER 通常使用与实际形状相吻合的椭圆来描述。与 SIFT 方法相比,MSER 方法速度更快,并且对仿射变换(如倾斜)具有不变性[44]。

(a)原始图像　　　　　　　　(b)对应的用边界框框住的MSER特征

图 3.17　MSER 特征检测示意图（参考文献："Chevry‐sous‐le‐Bignon"，by François Goglins. © François GOGLINS）

HOG、SIFT、MSER 方法及其他几种特征描述子和特征提取算法的开源实现，可以在 VLFeat[45] 或 OpenCV[46] 项目中找到。

3.4.2　分类

目标检测任务的最后一步是将前一步中提取的特征分类到一组预定义的类别中，如"汽车""行人""卡车"等。通常，分类任务由机器学习分类算法实现。一些广泛应用的分类器包括支持向量机（support vector machine，SVM）、随机森林（random forest）和人工神经网络（artificial neural network，ANN）。

3.4.2.1　支持向量机

支持向量机[47]是目前流行并且最有效的分类算法之一，它的目标是找到一个最优的分离超平面，将不同类型的数据集合分开。在大多数情况下，仅仅使用线性函数无法将不同类别分开，但在高维空间中，数据可能是线性可分的，所以可以确定一个最优分割超平面。因此，借助一些非线性映射（或核函数），可以首先将输入数据转换成一个高维特征空间，并根据分离超平面进行分类，如图 3.18 所示。使用核函数将原始目标从输入空间映射到更高维度的特征空间，如此可以简单地分隔两个类。

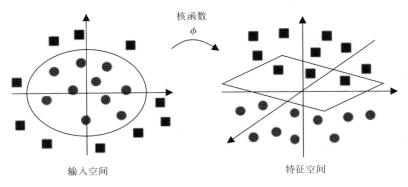

图 3.18　支持向量机概念的示意图（参考文献："Self‐Diagnosis of Localization Status for Autonomous Mobile Robots"，by Jiwoong Kim，Jooyoung Park，and Woojin Chung，Sensors，2018，18(9)，P. 3168. © Jiwoong Kim，Jooyoung Park，and Woojin Chung）

3.4.2.2　随机森林

如图 3.19 所示，随机森林[48]是由数据和特征子集的随机选择自动生成的多个决策树的集合。分类结果由投票的大多数结果决定，即取所有决策树结果中最受欢迎的结果。与单一的决策树相比，随机森林在模型中加入了随机噪声，因此对过拟合（泛化能力不强）的情况更稳健。由于树的平均效应，其方差也较低[49]。

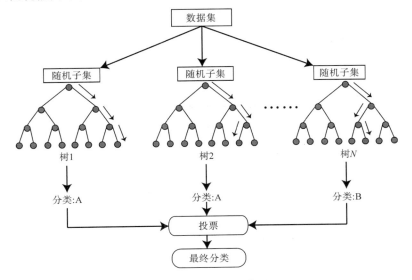

图 3.19　随机森林算法

3.4.2.3 人工神经网络

人工神经网络是由相互连接的节点(或神经元)组成的多层系统。非线性分类通常采用一种特殊的神经网络,即多层感知机(multi-layer perceptron,MLP)来实现。一个多层感知机至少由三层组成(输入层、隐藏层和输出层),其中每个特征由输入层中的一个节点表示。可以使用反向传播算法(backpropagation algorithm)[50]来训练多层感知机,该算法在正向和反向传播中重复更新每个节点的权重,直到获得正确的分类,如图3.20所示。在正向传播中,由输入数据乘以节点的实际权重,再通过一些非线性激活函数后,输出被传播到下一层,直到从输出层得到最终结果。可以通过测量得到实际结果与期望结果之间的误差,并根据从输出层到输入层的方向(即反向传播)来调整每个节点的权重,从而减小误差。

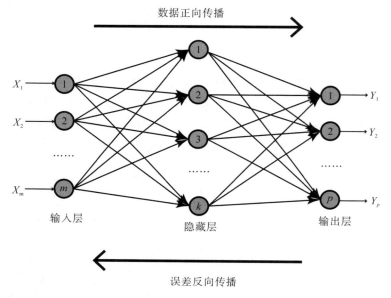

图3.20 具有反向传播的多层感知机

分类算法概述见文献[51]。大多数流行的分类器(及其他机器学习算法)都作为开源库提供,比如 mlpack[52] 和 OpenCV[46]。

3.5 多传感器数据融合

本章前面简要介绍了多传感器数据融合,它是一种将多个传感器的输出相结合以产生更可靠结果的方法。

全球导航卫星技术,如 GPS,提供了一种简单且成本效益好的全球定位方法。然而,它不够精确,甚至在某些场合下不可用,如在室内或城市摩天大楼之间的街道中。因此,一个稳定的定位通常是多传感器数据融合的结果。使用可行的传感器及地图,汽车才能够平稳地完成定位任务。

由于有各种各样的传感器提供不同的数据,所以需要一种方法来整合或融合这些信息。通过组合这些传感器的数据,可以减少来自单个传感器的信息的不确定性,因为一个传感器的不足可以由其他类型的传感器来补偿,所以这样可以获得更可靠的感知模型和对外部环境更好的理解。

3.5.1 分类

传感器融合的方法可以用 Durrant – Whyte 基于传感器关系的融合分类来描述(见图 3.21)[53]:

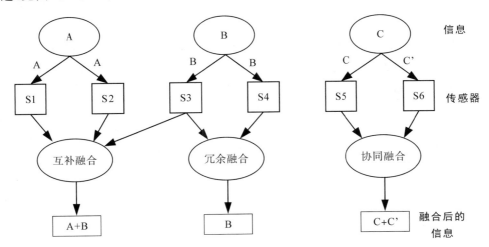

图 3.21 Durrant – Whyter 融合分类(参考文献:"A Review of Data Fusion Techniques", by Federico Castanedo, The Scientific World Journal, vol. 2013, Article ID 704504. © 2013 Federico Castanedo)

- 互补融合(complementary fusion)

  互补融合是将来自两个或多个传感器的部分数据结合起来,建立被观测对象的完整信息。之所以只获取传感器的部分信息有几个原因,包括传感器缺陷、系统限制、部分物体遮挡或者仅仅由于传感器在汽车中的实际放置位置。

- 冗余融合(redundant fusion)

  有时候故意配置传感器使工作范围有重叠。冗余融合使用重叠区域的信息来增加检测的置信度,或作为一个传感器发生故障时的备用。

- 协同融合(cooperative fusion)

  协同融合利用不同类型的信息来产生新的或更复杂的信息。协同融合的一个例子是结合角度和距离信息来确定目标的位置[54]。

多传感器数据融合起源于军事领域,这一领域的很多开创性工作都是由美国国防部实验室理事联合会(Joint Directors of Laboratories,JDL)在20世纪80年代末完成的[55],它首次引入了多级数据融合模型。该模型称为JDL模型,它将融合程度分为4级:

- 对象估计(1级):细化检测到的目标的位置、标识和其他信息。
- 态势估计(2级):建立对象之间的关系,并将实际情况分配到预先定义的场景中。
- 影响估计(3级):评估态势估计中检测到的情况产生的影响并预测可能的结果。
- 过程精炼(4级):改进所有等级的数据融合。

自JDL模型诞生以来,已经有很多文献对JDL模型进行了修订、拓展或定制,使其更适用于其他领域。Ruser和Léon使用了更广义的信息融合概念,并提出了3个抽象等级,见图3.22[56]。

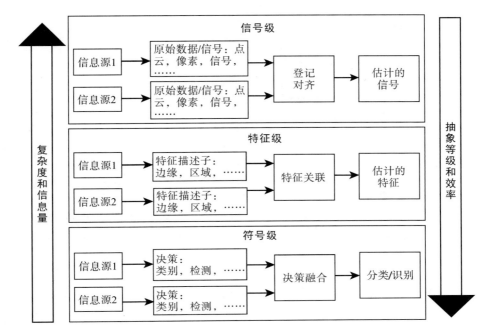

图 3.22　信息融合的抽象等级（参考文献："Information fusion – An Overview", by Heinrich Ruser and Fernando Puente Léon, 2007, Tm – Technisches Messen, 74(3), P. 93 – 102）

- 信号级融合是指对来自多种传感器的信号或原始数据进行的融合，这一层在其他文献中也被称为底层数据融合。
- 特征级融合是指对从传感器数据中提取的特征进行融合，这种抽象层有时也被称为中间层或特征层融合。
- 符号级融合是指对各个传感器的检测/分类结果或决策结果进行的融合，此级别也常被称为高级或决策级融合。

Steinberg 和 Bowman[57]尝试通过使用不那么军事化的术语（如使用"影响估计"来替代"非威胁估计"）使该模型更通用，更适用于民用，同时他们在第一个融合等级前增加了一个新的等级：子对象估计，见图 3.23。

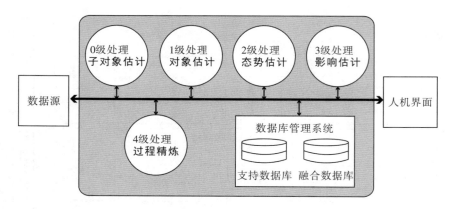

图 3.23　修订后的 JDL 数据融合模型(参考文献:"Revisions to the JDL data fusion model", by Alan N. Steinberg, Alan N. Christopher L. Bowman, and Franklin E. White, 1999, Proc. SPIE Vol. 3719, Sensor Fusion: Architectures, Algorithms, and Applications Ⅲ, P. 430 - 441)

另一个著名的融合分类系统是 Dasarathy 提出的[58]。融合分类是由融合的输入和输出类型简单定义的,它们不一定来自同一抽象层次。有关常用的传感器融合分类的概述,请参见文献[59]。

3.5.2　主要技术

在接下来的章节中,我们将讨论一些解决传感器数据融合问题的常用技术。

3.5.2.1　概率法

解决多传感器数据融合的经典方法是用概率模型来表示不确定性,然后使用组合概率模型这种常用方法来计算"融合"数据,例如直接应用贝叶斯推理或者递归贝叶斯滤波进行融合处理。我们将在下一节中简要介绍这两种方法。

贝叶斯推理

假设我们要融合来自状态 x 的两个观测值 z_1 和 z_2。使用概率法,我们分别用概率密度函数 $P(z_1)$ 和 $P(z_2)$ 来表示这两个具有不确定性的观测值。尽管这两个观测值是独立获得的,但它们不是完全独立的,因为他们共享共同的状态 x。因此,这些观测值被称为条件独立(conditionally independent)于公共状态 x,表示为 $P(z_1|x)$ 和 $P(z_2|x)$。请注意,完全独立的观测结果意味着观测值之间彼此完全无关,这将使融合毫无意义。

回想如下定义的贝叶斯理论:

$$P(A|B) = \frac{P(B|A)P(A)}{P(B)} \tag{3.17}$$

将式(3.17)应用于包含 M 个观测值的集合 $Z \triangleq \{z_1, z_2, \cdots, z_M\}$，在给定所有观测值 Z 的条件下，融合状态 x 可以如下计算：

$$P(x|z_1, z_2, \cdots, z_M) = \frac{P(z_1, z_2, \cdots, z_M|x)P(x)}{P(z_1, z_2, \cdots, z_M)} \tag{3.18}$$

因此，融合结果取决于 $P(z_1, z_2, \cdots, z_M|x)$、先验概率 $P(x)$ 及归一化系数 $P(z_1, z_2, \cdots, z_M)$。其中后者易于计算，但前两项（所有观测值的联合概率分布和先验概率）是未知的。有几种常见的方法来解决这个问题，通常通过对潜在的概率分布做一些假设。

独立意见池(independent opinion pool)方法[60]基于这样一个假设，即除了有条件地独立于公共状态 x 之外，观测值彼此独立。独立意见池如式(3.19)所示：

$$P(x|z_1, z_2, \cdots, z_M) \propto \prod_{m=1}^{M} P(x|z_m) \tag{3.19}$$

如果先前的信息似乎来自同一来源，则使用下面的独立似然池(independent likelihood pool)方法更合适，如式(3.20)所示：

$$P(x|z_1, z_2, \cdots, z_M) \propto P(Z) \prod_{m=1}^{M} P(z_m|x) \tag{3.20}$$

最后，如果传感器之间存在相关性，则应首选线性意见池(linear opinion pool)，如式(3.21)所示。不同于前面的意见池，线性意见池法也被称为加权个体后验概率之和，这样的话，每个传感器的可靠性可以用其加权 w_m 来表示。由于噪声较大的传感器分配较低的权重，因此更可靠的传感器在确定最终结果方面将发挥更大的作用。

$$P(x|z_1, z_2, \cdots, z_M) = \sum_{m=1}^{M} w_m P(x|z_m) \tag{3.21}$$

递归贝叶斯滤波

贝叶斯推理法的一个主要缺点是，后验计算需要所有的历史观测值。针对这一缺陷，另一种可替换的方法是将计算过程转换为递归形式，如式(3.22)所示：

$$P(x|Z_t) = P(x|Z_t)P(Z_t) = P(Z_t|x)P(Z_{t-1})P(x) \tag{3.22}$$

由于 $Z_t \triangleq \{z_t, Z_{t-1}\}$，并应用贝叶斯链式法则 $P(z_t|Z_{t-1}) = \frac{P(Z_t)}{P(Z_{t-1})}$，我们得到式(3.23)如下：

$$P(x|Z_t) = \frac{P(z_t|x)P(x|Z_{t-1})}{P(z_t|Z_{t-1})} \tag{3.23}$$

注意式(3.23)的递归性,后验概率成为了下一次迭代的先验概率。这样,我们就不必处理历史上所有的观测值,而最终只需要上一时刻的观测值 $P(x|Z_{t-1})$。因此,与贝叶斯推理法相比,复杂度不会随着观测量的增加而增加。

3.5.2.2 证据推理法

证据推理法基于登普斯特-谢弗(Dempster-Shafer)证据理论,即 D-S 证据理论,在 20 世纪 60 年代由 Arthur P. Dempster 首次提出[61],并在 10 年后由 Glenn Shafer 做了进一步发展[62]。概率法的局限性主要在于它们只能模拟一种类型的不确定性:所谓的随机不确定性(aleatory uncertainty),有时候简称为可变性或随机性。使用概率法,为了估计一个假设的似然函数,我们需要知道或者假设模型的先验信息和条件概率。这些信息通常由统计数据、物理规则推导得到,甚至有时仅仅用常识来推测。然而,这些信息可能是不正确的、对模型过于复杂或不完整的(即有些随机变量影响了一个假设的总体可能性,但无法在模型中加以考虑,因为它们是未知的)。而证据推理法基于一种不同的不确定性推理方法,即根据支持假设的证据的概率来计算假设的可能性。因此,认知不确定性(epistemic uncertainty),也称为系统不确定性或由于对整个系统不完全/缺乏认知而引起的不确定性,也可以考虑在内。证据推理法的另一个优点是能够模拟缺少信息的情况,因此能够轻易地将缺少信任(lack of belief)与不信任区分开[63]。

D-S 证据理论使用一组质量函数(mass function)来表示对每个假设的信任程度。质量函数,也被称为基本置信分配(basic belief assignment,BBA),表示为函数 $m(\cdot):2^{\Omega}\to[1,0]$,同时满足如下约束:

$$m(\emptyset) = 0 \tag{3.24}$$

且

$$\sum_{A \in 2^{\Omega}} m(A) = 1 \tag{3.25}$$

其中,Ω 是一组互斥且穷尽的假设,也被称为判别框架(frame of discernment,FoD)。例如,在占用栅格地图中,每个单元格都是空闲或被占用的,$\Omega=\{0,1\}$,幂集为 $2^{\Omega}=4$,因此每个单元由以下质量函数表示:$m(\emptyset),m(\text{Free}),m(\text{Occupied}),m(\text{Free},\text{Occupied})$。然而由于第一约束 $m(\emptyset)=0$,因此实际上只需要考虑三个质量函数。最后一个质量函数代表认知不确定性,在一些文献中有时用

$m(\text{Conflict})$ 或 $m(\text{Don't know})$ 表示。

在 D-S 证据理论中，置信区间（confidence interval）由式（3.26）及式（3.27）中定义的置信度（或可信度）和合理性函数所限定：

$$\text{Bel}(A) = \sum_{\substack{B \subseteq A \\ B \in G^\Omega}} m(B) \tag{3.26}$$

$$\text{Pl}(A) = \sum_{\substack{B \cap A \neq \varnothing \\ B \in G^\Omega}} m(B) \tag{3.27}$$

设 A 的置信区间为 $[\text{Bel}(A), \text{Pl}(A)]$，其中 $0 \leqslant \text{Bel}(A) \leqslant \text{Pl}(A) \leqslant 1$。置信区间 $[1,1]$ 意味着根据所有证据，这个假设是正确的；相反，置信区间为 $[0,0]$ 意味着根据所有可用的证据，假设是错误的。置信区间 $[0,1]$ 表示完全忽略这个假设，因为没有证据对其证实或证伪。

简而言之，基于证据推理法的传感器数据融合包括：① 在融合空间（即幂集为 2^Ω 的所有假设）中创建质量函数；② 根据新的传感器观测值进行增量更新；③ 应用一些融合规则来计算联合质量函数。用于组合多个信息源的标准融合规则称为登普斯特（Dempster）组合规则或 D-S 规则，如下所示：

$$m_{1,2}^{\text{DS}}(X) = [m_1 \oplus m_2](X) = \frac{m_{1,2}(X)}{1 - K_{1,2}} \tag{3.28}$$

其中

$$m_{1,2}(X) = \sum_{\substack{X_1, X_2 \in 2^\Omega \\ X_1 \cap X_2 = X}} m_1(X_1) m_2(X_2) \tag{3.29}$$

$K_{1,2}$ 称为置信冲突度（degree of conflict），如下所示：

$$K_{1,2}(X) = m_{1,2}(\varnothing) = \sum_{\substack{X_1, X_2 \in 2^\Omega \\ X_1 \cap X_2 = \varnothing}} m_1(X_1) m_2(X_2) \tag{3.30}$$

注意，D-S 规则在数学上没有定义两个信息源完全冲突的情况（即 $K_{1,2}=1$）。众所周知，D-S 规则在处理高冲突和低冲突的情况时效果很差[64]。因此，有人提出一些替代规则来克服这些限制，其中一个常用的选择是第六类概率冲突再分配规则（Probabilistic Conflict Redistribution Rule No. 6，PCR6），其基本思想是将冲突的质量重新分配给在冲突中涉及的非空元素[65]。

在计算了联合质量函数后，可以根据一些准则做出决策。选择融合结果的最佳假设有几个标准，例如，我们可以取置信度/可信度最高的假设，或者合理性最高的假设，或者经过某种概率变换（即从置信函数模型转换为概率模型）后可能性最高的假设。一种很常见的变换方法是 20 世纪 90 年代初 Philippe Smets 提出的 pignistic 概率变换（pignistic probabilistic transformation）[66]，定义如下：

$$P\{A\} = \sum_{X \in 2^\Omega} \frac{X \cap A}{X} \frac{m(X)}{1 - m(\varnothing)} = \sum_{X \in 2^\Omega} \frac{X \cap A}{X} m(X) \qquad (3.31)$$

其中，$m(\varnothing) = 0$ 是本节开头提到的两个约束条件之一。

3.5.2.3 其他方法

除了概率法和证据推理法，还有其他可以解决传感器数据融合问题的方法。然而，它们在 SDV 领域不太受欢迎。其中一种方法基于模糊集合理论，也称之为可能性方法[67]。

3.6 小结

正如我们在本章中所看到的，感知是 SDV 最重要的功能。如果没有感知周围环境的能力，SDV 就永远不可能知道如何安全地到达目的地，避开危险并找到合适的路线。

如我们所见，感知任务由许多子任务组成，包括定位、建图、目标检测和多传感器数据融合。通常为了提高效率，前两个问题相互依赖，通常作为 SLAM 问题求解。建图与理解周围的地形、道路等情况相关，而定位则是要知道汽车相对于地图所处的位置。换言之，这些功能可以概括为"我在哪里，我朝着什么方向运行？"

我们已在 3.3 节介绍了两种主要的 SLAM 方法。滤波方法通常使用卡尔曼滤波器和粒子滤波器。在滤波方法中，当前位置是通过结合最近的观测值和过去对位置的预测值来估计的，同时考虑了可能的误差源（噪声）。而优化方法采用的方法略有不同。从一开始就对所有的观测量进行关联和平滑处理，以找到与观察集最一致的总体轨迹。在基于图的 SLAM 中，构造了一个位姿约束图，任务是找到与图最吻合的配置。在光束法平差中，目标是寻找使观测到的特征和这些特征的期望投影之间的成本函数最小的最优配置。

相比之下，目标检测主要用于识别附近可能造成危险的目标，特别是移动物体，它用来解决这样的一个问题："我要如何避免与其他物体碰撞？"如 3.4 节中所述，目标检测主要由三个子问题组成：目标定位、目标分类和语义分割。实现这个目标的常用方法是将特征提取和分类相结合。特征提取可以使用 HOG、SIFT 或

MSER方法，它们的目标都是提取出能够将不同特征区分开的内在特性。分类则是将这些特征与已知特征进行比较，以便将其分为几个类别，如行人、汽车、人行道等，相关的主要技术有支持向量机、随机森林和人工神经网络。

所有这些任务的关键是解释来自汽车上多个传感器的数据。正如我们所看到的，这些传感器的原始数据必须被解释，并与其他数据相结合才能发挥作用。多传感器数据融合代表一系列通过以互补、冗余或协同的方式而组合成的多个传感器的输出来提供更稳健的感知结果的技术。数据融合技术可以是概率法（如基于数据中的不确定性，使用贝叶斯估计来预测最有可能的融合结果），也可以是证据推理法（在给定观测中寻找最有可能的一组数据融合结果）。

在下一章中，我们将看到 SDV 的软件如何利用这些环境信息，并将汽车开到目的地。我们将研究如何将所有软件整合到一个体系结构中，并将探索 SDV 的两个常见中间件。

参考文献

[1] Faheem Zafari, Athanasios Gkelias, and Kin Leung. A survey of indoor localization systems and technologies. *arXiv preprint arXiv*:170901015, 2017.

[2] Ramon F Brena, Juan Pablo García-Vázquez, Carlos E Galván Tejada, David Muñoz-Rodriguez, Cesar Vargas-Rosales, and James Fangmeyer. Evolution of indoor positioning technologies: A survey. *Journal of Sensors*, 2017. https://www.-hindawi.com/journals/js/20172630413/.

[3] Dirk Hahnel, Wolfram Burgard, Dieter Fox, and Sebastian Thrun. An efficient fastslam algorithm for generating maps of large-scale cyclic environments from raw laser range measurements. In *Intelligent Robots and Systems*, 2003 (IROS 2003). *Proceedings. 2003 IEEE/RSJ International Conference on*, volume 1, pages 206-211. IEEE, 2003.

[4] Paul J Besl and Neil D Mckay. Method for registration of 3-d shapes. In *Sensor Fusion IV: Control paradigms and Data Structures*, volume 1611, pages 586-607. International Society for Optics and Photonics, 1992.

[5] Feng Lu and Evangelos Milios. Robot pose estimation in unknown environments by matching 2d range scans. *Journal of Intelligent and Robotic Systems*, 18(3):249-275, 1997.

[6] Andrea Censi. Anicp variant using a point-to-line metric. In *Robotics and Automation*, 2008. ICRA 2008 IEEE International Conference on, pages 19-25. IEEE, 2008.

[7] Edwin B Olson. Real-time correlative scan matching. *Ann Arbor*, 1001: 48109, 2009.

[8] Gian Diego Tipaldi and Kai O Arras. Flirt-interest regions for 2d range data. In *Robotics and Automation (ICRA), 2010 IEEE International Conference on*, pages 3616-3622. IEEE, 2010.

[9] Damien Vivet, Paul Checchin, and Roland Chapuis. Localization and mapping using only a rotating fmcw radar sensor. *Sensors*, 13(4): 4527-4552, 2013.

[10] Erik Ward and John Folkesson. Vehicle localization with low cost radar sensors. In *Intelligent Vehicles Symposium (IV), 2016 IEEE*. Institute of Electrical and Electronics Engineers(IEEE), 2016.

[11] Nan Yang, Rui Wang, and Daniel Cremers. Feature-based or direct: An evaluation of monocular visual odometry. *arXiv preprint arXiv*:1705.04300, 2017.

[12] Raul Mur-Artal and Juan D Tardos. Orb-slam2: An open-source slam system for monocular, stereo, and rgb-d cameras. *IEEE Transactions on Robotics*, 33(5):1255-1262, 2017.

[13] Ethan Rublee, Vincent Rabaud, Kurt Konolige, and Gary Bradski. Orb: An efficient alternative to sift or surf. In *Computer Vision (ICCV), 2011 IEEE International Conference on*, pages 2564-2571. IEEE, 2011.

[14] Dorian Gálvez-López and Juan D Tardos. Bags of binary words for fast place recognition in image sequences. *IEEE Transactions on Robotics*, 28(5): 1188-1197, 2012.

[15] Jakob Engel, Thomas Schöps, and Daniel Cremers. Lsd-slam: Large scale direct monocular slam. In *European Conference on Computer Vision*, pages 834-849. Springer, 2014.

[16] Jakob Engel, Jörg Stuckler, and Daniel Cremers. Large-scale direct slam with stereo cameras. In *Intelligent Robots and Systems (IROS), 2015 IEEE/RSJ International Conference on*, pages 1935-1942. IEEE, 2015.

[17] Rainer Kummerle, Giorgio Grisetti, Hauke Strasdat, Kurt Konolige and Wolfram Burgard. g 2 o: A general framework for graph optimization. In *Robotics and Automation (ICRA), 2011 IEEE International Conference on*, pages 3607-3613. IEEE, 2011.

[18] Kurt Konolige and Willow Garage. Sparse sparse bundle adjustment. In *BMVC*, volume 10, pages 102-110. Citeseer, 2010.

[19] Matthias Schreier. Environment representations for automated onroad vehicles. *At-Automatisierungstechnik*, 66(2):107-118, 2018.

[20] H Durrant Whyte. Simultaneous localisation and mapping(SLAM): Part i the essential algorithms. *Robotics and Automation Magazine*, 2006.

[21] Randall Smith, Matthew Self, and Peter Cheeseman. Estimating uncertain spatial relationships in robotics. In *Autonomous robot vehicles*, pages 167–193. Springer, 1990.

[22] John H Halton. Sequential monte carlo techniques for solving non-linear systems. *Monte Carlo Methods and Applications* (MCMA), 12(2): 113–141, 2006.

[23] Thomas Bengtsson, Peter Bickel, Bo Li, et al. Curse-of-dimensionality revisited: Collapse of the particle filter in very large scale systems. In *Probability and Statistics: Essays in Honor of David A Freedman*, pages 316–334. Institute of Mathematical Statistics, 2008.

[24] Sebastian Thrun. Probabilistic robotics. *Communications of the ACM*, 45(3): 52–57, 2002.

[25] Michael Montemerlo, Sebastian Thrun, Daphne Koller, Ben Weg breit, et al. Fastslam: A factored solution to the simultaneous localization and mapping problem. *Aaai/iaai*, 593598, 2002.

[26] Randal Douc and Olivier Cappé. Comparison of resampling schemes for particle filtering. In *Image and Signal processing and Analysis*, 2005. ISPA 2005. *Proceedings of the 4th International Symposium on* pages 64–69. IEEE, 2005.

[27] Jun S Liu. Metropolized independent sampling with comparisons to rejection sampling and importance sampling. *Statistics and Computing*, 6(2):113–119, 1996.

[28] Fredrik Gustafsson. Particle filter theory and practice with positioning applications. *IEEE Aerospace and Electronic Systems Magazine*, 25(7): 53–82, 2010.

[29] Arnaud Doucet, Nando De Freitas, Kevin Murphy, and Stuart Russell. Rao-blackwellised particle filtering for dynamic Bayesian networks. In *Proceedings of the Sixteenth Conference on uncertainty in Artificial Intelligence*, pages 176–183. Morgan Kaufmann Publishers Inc., 2000.

[30] Cyrill Stachniss, John J. Leonard, and Sebastian Thrun. *Simultaneous Localization and Mapping*, pages 1153–1176. Springer International Publishing, Cham, 2016.

[31] Giorgio Grisetti. Notes on least-squares and slam draft. 2014. http://www.dis.uniro-mal.it/grisetti/teaching/lectures-ls-slam-master_2015_16/web/reading_material/g-risettil2stest.pdf[accessed 03-Oct-2018].

[32] Giorgio Grisetti, Rainer Kummerle, Cyrill Stachniss, and Wolfram Burgard. A tutorial

on graph-based slam. *IEEE Intelligent Transportation Systems Magazine*, 2(4):31-43, 2010.

[33] JM Lee. Introduction to Smooth Manifolds, Graduate Texts in Mathematics, series volume 218, Springer, 2003.

[34] Bill Triggs, Philip F McLauchlan, Richard I Hartley, and Andrew W Fitzgibbon. Bundle adjustment - A modern synthesis. In *Proceedings of the International Workshop on Vision Algorithms: Theory and Practice*, ICCV'99, pages 298-372, London, UK, 2000. Springer-Verlag.

[35] Sameer Agarwal, Noah Snavely, Steven M Seitz, and Richard Szeliski. Bundle adjustment in the large. In *European Conference on Computer Vision*, pages 29-42. Springer, 2010.

[36] Juan Antonio, Fernandez Madrigal. *Simultaneous Localization and Mapping for Mobile Robots: Introduction and Methods: Introduction and Methods*. IGI Global, 2012.

[37] Etienne Mouragnon, Maxime Lhuillier, Michel Dhome, Fabien Dekeyser, and Patrick Sayd. Real time localization and 3d reconstruction. In *Computer vision and Pattern Recognition*, 2006 IEEE Computer Society Conference on, volume 1, pages 363-370. IEEE, 2006.

[38] MLA Lourakis and Antonis A Argyros. Is Levenberg-Marquardt the most efficient optimization algorithm for implementing bundle adjustment? In *Computer Vision*, 2005. ICCV 2005. *Tenth IEEE International Conference on*, volume 2, pages 1526-1531. IEEE, 2005.

[39] Manolis Lourakis. Bundle adjustment gone public. *PRCV Colloquium Prague*, 2011. http://users.ics.forth.gr/~lourakis/sba/PRCV_colloq.pdf

[40] Li Fei-Fei. Object recognition. https://vision.stanford.edu/documents/Fei-Fei_ICVSS07_ObjectRecognition_web.pdf. [accessed 03-Oct-2018].

[41] Navneet Dalal and Bill Triggs. Histograms of oriented gradients for human detection. In *Computer Vision and Pattern Recognition*, 2005. CVPR 2005. *IEEE Computer Society Conference on*, volume 1, pages 886-893. IEEE, 2005.

[42] David G Lowe. Distinctive image features from scale-invariant keypoints. *International Journal of Computer Vision*, 60(2):91-110, 2004.

[43] Jiri Matas, Ondrej Chum, Martin Urban and Tomás pajdla. Robust wide-baseline stereo from maximally stable extremal regions. *Image and Vision Computing*, 22(10):761-767, 2004.

[44] Ehab Salahat and Murad Qasaimeh. Recent advances in features extraction and description algorithms: A comprehensive survey. In *Industrial Technology (ICIT), 2017 IEEE International Conference on*, pages 1059-1063. IEEE, 2017.

[45] Andrea Vedaldi and Brian Fulkerson. Vlfeat: An open and portab library of computer vision algorithms. In *proceedings of the 18th ACM International Conference on Multimedia*, pages 1469-1472. ACM, 2010.

[46] Opencv. Open source computer vision library. https://opencv org/. [accessed 03-Oct-2018].

[47] Bernhard E Boser, Isabelle M Guyon and Vladimir N Vapnik. A training algorithm for optimal margin classifiers. In *Proceedings of the Fifth Annual Workshop on Computational Learning Theory*, pages 144-152. ACM, 1992.

[48] Leo Breiman. Random forests. *Machine learning*, 45(1): 5-32, 2001.

[49] Gilles Louppe. Understanding random forests: From theory to practice. *arXiv preprint arXiv*: 1407.7502, 2014.

[50] Paul Werbos. Beyond regression: new tools for prediction and analysis in the behavioral sciences. *Ph. D. dissertation, Harvard University*, 1974.

[51] Sotiris B Kotsiantis, I Zaharakis, and P Pintelas. Supervised machine learning: A review of classification techniques. *Emerging artificial intelligence applications in computer engineering*, 160:3-24, 2007.

[52] Ryan R Curtin, James R Cline, Neil P Slagle, William B March, Parikshit Ram, Nishant A Mehta, and Alexander G Gray. Mlpack: A scalable C++ machine learning library. *Journal of Machine Learning Research*, 14(Mar): 801-805, 2013.

[53] Hugh F Durrant-Whyte. Sensor models and multisensor integration. In *Autonomous Robot Vehicles*, pages 73-89. Springer, 1990.

[54] Ahmed Abdelgawad and Magdy Bayoumi. Data fusion in wsn. In *Resource-Aware Data Fusion Algorithms for Wireless Sensor Networks*, pages 17-35. Springer, 2012.

[55] Franklin E White, et al. A model for data fusion. In *proc. 1st National Symposium on Sensor Fusion*, volume 2, pages 149-158, 1988.

[56] Heinrich Ruser and Fernando Puente León. Informationsfusion-eine übersicht (information fusion-an overview). *Tm-Technisches Messen*, 74(3):93-102, 2007.

[57] Alan N Steinberg and Christopher L Bowman. Revisions to the jdl data fusion model. In *Handbook of Multisensor Data Fusion*, pages 65-88. CRC Press, 2008.

[58] Belur V Dasarathy. Sensor fusion potential exploitation-innovative architectures

and illustrative applications. *Proceedings of the IEEE*, 85(1): 24 – 38, 1997.

[59] Federico Castanedo. A review of data fusion techniques. *The Scientific World Journal*, 2013. https://www.hindawi.com/journals/tswj/2013/704504/.

[60] James O Berger. *Statistical Decision Theory and Bayesian Analysis*. Springer Science & Business Media, 2013.

[61] Arthur P Dempster. Upper and lower probabilities induced by a multivalued mapping. In *Classic Works of the Dempster – Shafer Theory of Belief Functions*, pages 57 – 72. Springer, 2008.

[62] Glenn Shafer. *A mathematical Theory of Evidence*, volume 42. Princeton University Press, 1976.

[63] Liping Liu. A theory of gaussian belief functions. International Journal of Approximate Reasoning, 14(2 – 3):95 – 126, 1996.

[64] Jean Dezert, Pei Wang, and Albena Tchamova. On the validity of dempster – shafer theory. In *Information Fusion (FUSION)*, 2012 15th *International Conference on*, pages 655 – 660. IEEE, 2012.

[65] Arnaud Martin and Christophe Osswald. A new generalization of the proportional conflict redistribution rule stable in terms of decision. *Advances and Applications of DSmT for Information Fusion: Collected Works Volume 2*, 2:69 – 88. 2006.

[66] Philippe Smets. Constructing the pignistic probability function in a context of uncertainty. In UAI, volume 89, pages 29 – 40, 1989.

[67] Giuseppe Oriolo, Giovanni Livi, and Marilena Vendittelli. Real – time map building and navigation for autonomous robots in unknown environments. *IEEE Transactions on Systems, Man, and Cybernetics, Part B (Cybernetics)*, 28 (3): 316 – 333, 1998.

第 4 章

架构

在上一章中,我们讨论了 SDV 如何通过定位、建图和目标检测来感知周围的环境。在本章中,我们将探讨 SDV 如何将其对环境的认知与其他数据(如目的地、道路规则和自身能力信息)相结合,以实现安全驾驶至目的地。

SDV 软件可以从两个角度来看待:功能架构与系统架构。功能架构考虑软件需要执行的实际功能,包括定位、建图和目标检测,这些内容我们已在第 3 章中进行了探讨。在本章中,我们将介绍 SDV 工作所需的其他功能,包括规划和汽车控制。系统架构考虑如何将这些离散的功能组合起来以创建一个能够达到所需等级的自动驾驶系统。我们会先研究功能架构再研究系统架构。在本章的末尾,我们会讨论一些 SDV 中间件实例。

4.1 功能架构

功能架构包括三个主要部分:感知(已讨论)、规划和汽车控制。在本节中,我们将探究这三个主要功能如何使 SDV 知道它在哪里,并安全地将自己开到目的地。

4.1.1 感知

感知就是回答"我在哪里"和"我周围发生了什么事"。感知的主要功能是定位、建图和目标检测。我们在上一章中对这些功能进行了详细的描述,在此对上述功能进行简要的总结。

正如我们在 3.1 节中看到的,定位使汽车能够在环境地图中定位自己并且知道自己在地图中的方向。定位在很大程度上依赖于全球导航卫星系统、惯性测量单元、激光雷达、摄像头或里程计等传感器。典型的定位方法要么依赖于扫描匹配(将当前看到的内容与地图匹配),要么依赖于航位推算(利用航向、速度和时间信息,从地图上的已知位置跟踪到新位置)。

建图是一个用于构建周围环境的精确图像的过程(见3.2节)。它可能基于全球地图,也可能仅仅依据局部地图,重要的是地图必须非常精确,这样 SDV 才能安全运行。有三种流行的地图:占据栅格地图、特征图和关系图。这三种类型的地图各有利弊,具体的选择取决于环境和 SDV 的限制。

建图和定位是高度相关的,如果一辆车没有精确的地图,那么就不会有精确的位置,这就是需要使用 SLAM 的地方。SLAM 算法在对环境建图的同时将汽车在该地图中定位。如果算法识别出汽车已经返回到它曾经访问过的位置,那么它可以执行回环检测。SLAM 的主要形式是滤波方法(使用卡尔曼滤波器或粒子滤波器),以及使用基于图优化的技术或光束法平差。

感知的第三个功能是目标检测(见3.4节)。它对于 SDV 能否安全导航至关重要,因为它使汽车能够探测到移动障碍物,如行人和汽车。目标检测包括对图像进行处理,提取图像中的特征,并对其进行分类来创建语义表示。我们讨论过的特征提取技术有 HOG、SIFT 和 MSER,可以使用支持向量机、随机森林、人工神经网络或其他机器学习算法进行分类。

4.1.2 规划

规划涉及这样一个问题:"我如何到达目的地?"

规划可以用自上而下的方法来描述,该方法包含三个层次:路径规划、行为规划和运动规划,这些都将在下面讨论。

4.1.2.1 路径规划

在这一级中,SDV 根据地图提供的路网信息计算从当前位置到目的地的最佳路线。路线计算可能需要考虑其他外部因素,如实时交通信息、估计的能源消耗(尤其是电动汽车)、用户对于收费公路的偏好等。这种水平的规划也可以由汽车内置导航系统、售后导航系统(TomTom、Navigon 等)和手机应用(谷歌地图、Here 等)完成。

路径规划通常使用特定算法来求解,常称为图论中的最短路径问题(shortest path problem)。这个问题可以定义为在一个图中寻找两个节点之间的最短路径。最常用的最短路径算法是迪杰斯特拉算法(Dijkstra's algorithm)[1],如图 4.1 所示。该算法首先将所有节点的距离值初始化为无穷大,对于从起始节点能够直接到达的节点,此时可以计算一个新的距离(或成本),并与前值相比较,若更短则更新。这个过程在整个图中迭代,直到遍历了所有节点。到达任何目的地的最短路径现在可以通过计算节点的成本和到达该节点的边确定。更快的算法,如收缩层次(contraction hierarchies)[2]，执行了一些预计算步骤来加快过程。图 4.1 演示了求解最短路径的一个示例，其过程为：(a)初始化所有成本为无穷大。(b)更新到达最近的节点的成本。(c)第二次迭代，更新成本。(d)得到从起点到达图中任意给定点的最短路径。在这个例子中，两点之间的最短路径是 28，路线已用点线表示。

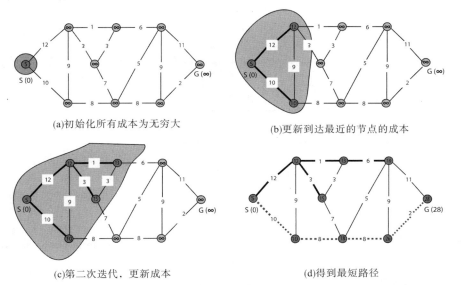

S-起始节点；G-目标节点。

图 4.1 迪杰斯特拉算法示意图

一些较先进的路径规划算法的实现已经作为开源项目免费提供，可参考 Dibbelt 等的文献[3]或 Hopper 的文献[4]。

4.1.2.2 行为规划

从前面路径规划步骤得出的结果是 SDV 需要从其当前位置开始跟踪的一组路网路段或路径点。接下来的规划步骤是行为规划，它决定在实际本地驾驶环境下如何最好地到达下一个路径点，即综合考虑当前的道路几何结构、感知到的障碍物、其他交通工具及行人、实际交通规则(限速、禁止超车区)、汽车控制的限制等条件。该规划步骤的结果是一个高层次的决策，如变道、跟车、并线、超车等。

行为规划中最具挑战性的问题之一，是预测环境中运动目标的行为，这对于混合交通环境尤其重要，因为 SDV 与普通汽车共用道路。针对其他交通参与者行为的不确定性的决策问题，人们提出了几种解决方法。基于预测和成本函数(prediction and cost-function based, PCB)的方法[5](见图 4.2)为可能的纵向和横向控制指令生成多个候选指令，使用预测引擎进行前向模拟来生成模拟轨迹，并在每个仿真步骤中预测周围的交通状况，然后通过评估安全性、舒适性、进度和能耗的总成本来选择最佳决策。Claussmann 等在文献[6]中概述和比较了基于人工智能的方法，分为基于信息的推理引擎方法、启发式算法、类人决策方法和近似推理方法，如图4.3所示。

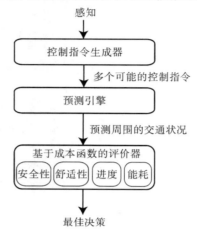

图 4.2　PCB 算法框图（参考文献："A behavioral planning framework for autonomous driving", by Junqing Wei, Jarrod M. Snider, Tianyu Gu, John M. Dolan, Bakhtiar Litkouhi, 2014, 2014 IEEE Intelligent Vehicles Symposium Proceedings, p.458–464）

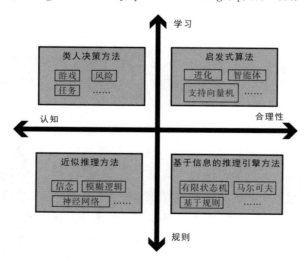

图 4.3　基于人工智能的最先进的行为规划方法分类（参考文献："A study on ai - based approaches for high - level decision making in highway autonomous driving", by Laurene Claussmann, Marc Revilloud, Sebasien Glaser, Dominique Gruyer, 2017, 2017 IEEE International Conference on Systems, Man, and Cybernetics, p.3671–3676. © 2017 IEEE）

4.1.2.3 运动规划

在运动规划步骤中执行来自前面行为规划的高级决策。这一步规划的结果是一组随时间变化的汽车控制器的驾驶指令，通常以方向盘角度、刹车和油门开度的形式出现。在机器人学的文献中，运动规划问题一般分为两个子问题：路径规划（path planning）和轨迹规划（trajectory planning）。路径规划任务主要寻找从起始节点到目标节点的最短无碰撞几何路径；而作为关于时间的函数，轨迹规划任务主要确定运动顺序，以此实现沿期望路径的平稳行驶。因此，可以将路径视为一系列轨迹点的集合，这些轨迹点包含了汽车的速度、加速度及加速度的变化。

为了在路径规划中找到最优的几何路径，由地图信息生成的车辆环境信息需要与从传感器和其他信息源收到的信息以离散表示的形式结合起来。合适的表示方法包括占据栅格和驾驶走廊（driving corridors）。如前一章所述，在占据栅格中，汽车行驶环境被划分为二维网格单元，网格中的每个单元格都包含该单元格被障碍物占用的概率。驾驶走廊是无障碍路段，汽车可以在其中行驶而不发生碰撞（考虑所有检测到的障碍点和其他物理边界，如车道与道路边界）。每种表示方法都有其优缺点。虽然通常占据栅格的构建不是计算密集型的，但是它们往往需要更多的内存，因为内存的消耗与网格中单元的总数和网格的分辨率成比例地增加。此外，驾驶走廊总是为汽车提供连续的无碰撞路径，但这种构建所要求的计算更为密集。不同的离散表示方法的优缺点见文献[7]。

运动规划是机器人学中研究最为深入的领域之一，自20世纪60年代末以来，出现了许多求解复杂规划问题的算法。然而，并不是所有这些算法都直接适用于SDV。由于障碍物的移动，SDV的驾驶环境具有高度的动态性，同时也涉及高速条件下汽车动力学的复杂性。

用于SDV的两种常见的路径规划算法是概率路线图（probabilistic roadmap，PRM）算法[8]和快速扩展随机树（rapidly-exploring random tree，RRT）算法[9]。这两种算法都是基于采样的规划（sampling-based planning）方法的例子。基于采样的规划方法使用随机节点探测进行路径探索，并使用快速避免碰撞功能来验证新候选节点。与组合规划（combinatorial planning）方法不同，基于采样的规划方法不需要在起始节点和目标节点之间建立所有可能的无碰撞路径。因此，基于采样的规划方法可能会给出一个次优解，但它更实用，特别是在搜索空间维数较高的情况下。如图4.4所示，概率路线图算法结合起始节点、目标节点和约束的信息，在空间中随机分布一定数量的节点，并将每个节点连接到其最近邻点。根据避免碰撞功能，连接节点的所有节点和边必须是无碰撞的。在所有的节点都连接好之后,可以使用类似迪杰斯特拉算法的最短路径算法简单地确定起始节点和目标节点之间的路径。图 4.4 所示的步骤分别为:(a)显示起始节点位置和目标节点位置的配置空间示例。(b)该算法首先在整个配置空间中随机分布一定数量的无碰撞节点。(c)所有节点通过无碰撞边连接到最近的节点。(d)最终路径可以通过在图中应用如迪杰斯特拉算法来确定。如图 4.5 所示,快速扩展随机树算法选择一个随机节点并尝试将其连接到当前树上,应用避免碰撞功能验证新节点是否是无碰撞的,算法不断迭代,直到达到目标节点,最终路径是连接树中起始节点和目标节点的一组边。

(a)起始位置和目标位置的配置空间示例　　(b)在整个配置空间中随机分布一定数量的无碰撞节点

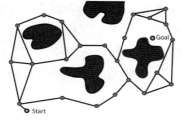

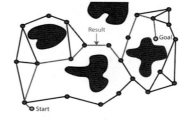

(c)通过无碰撞边将所有节点与最近的节点连接　　(d)确定最终路径

Start—起始节点;Goal—目标节点;Result—结果。

图 4.4　概率路线图算法示意图

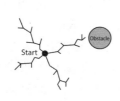

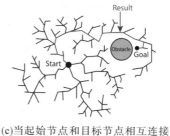

(a)随机生成一些新节点　　(b)随机创建其他节点,并将所有无　　(c)当起始节点和目标节点相互连接
　并连接到起始节点　　　　碰撞的节点都与最近的节点连接　　　或达到最大迭代限制时,算法结束

Start—起始节点;Goal—目标节点;Result—结果;Obstacle—障碍。

图 4.5　快速扩展随机树算法示意图(参考文献:"Rapidly-Exploring Random Trees: A New Tool for Path Planning",by Steven M. LaValle, 1998)

汽车轨迹规划主要涉及寻找最佳几何曲线,如样条曲线、贝塞尔曲线或回旋线,以确保在考虑当前汽车动力学的情况下,平滑地通过所需路径,如图4.6所示。其结果是定义了该几何曲线的优化的数学表达式。为此,人们提出了几种方法,其中最常用的方法是遗传算法和序列二次规划(sequential quadratic programming,SQP)。文献[10]对这两种方法进行了解释,并对它们的性能进行了比较。

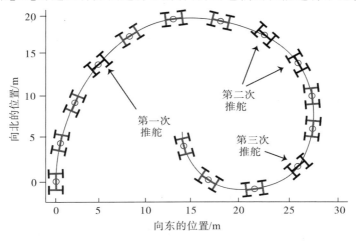

图4.6 汽车轨迹规划的例子

开放运动规划库(open motion planning library,OMPL)[11]是一个开源库,它包含了快速扩展随机树算法、概率路线图算法和许多其他先进的基于采样的算法的实现。由于它是一个纯粹的规划算法的集合,因此仍需要SDV中间件来实现或提供其他附加的功能,如避免碰撞功能或可视化。

4.1.3 汽车控制

汽车控制的主要目标是在确保汽车安全运行的同时执行前面步骤中所做的决策。汽车控制通常包括将计算出的轨迹转换为执行器的一组控制命令,以确保汽车的稳定性,并且将意外事件的影响降至最低。后者至关重要,因为传感器/硬件故障、测量不正确甚至完全错误的概率永远不为零。

由于其更高的安全要求(通常为 ASIL C 或 D),汽车控制模块通常与其他 SDV 应用程序分开实现和处理。汽车控制模块独立于其他 SDV 模块是必要的,这样可以确保不受其他 SDV 模块的干扰,因为它们作为冗余安全系统和最后的安全手段,可以覆盖在更高级别的应用程序中所做的决策,以避免事故或在已经不可避免的情况下最小化事故的影响。

除了安全要求外，汽车控制模块还负责 SDV 应具备的通用横向和纵向汽车控制能力。在这里，我们将介绍 SDV 所需的一些简单的控制功能。

4.1.3.1　车道保持

车道保持功能的目的是确保汽车运行在当前车道线内。通常，这意味着让汽车靠近车道中间。显然，该功能的关键是车道线标记检测，如图 4.7 所示，通常由摄像头执行。许多高端汽车的高级驾驶员辅助系统（advanced driver assistance systems，ADAS）已经有类似的功能，当汽车开始无意中偏离当前的车道线时（例如在没有明确打开转向指示灯的情况下）会及时提醒驾驶员。而 SDV 中的车道保持功能与高级驾驶员辅助系统功能的最大区别在于，它可以对汽车进行自动横向控制，而不仅仅是对驾驶员的提醒。

图 4.7　车道（边界标记）检测是车道保持功能的先决条件（参考文献："Strada Provinciale BS 510 Sebina Orientale", by Grasso83. © Grasso83）

4.1.3.2　自适应巡航控制

自适应巡航控制（adaptive cruise control，ACC），如图 4.8 所示，自动调整车速来与前方汽车保持安全距离。自适应巡航控制也是众所周知的高级驾驶员辅助系统功能，是自动纵向控制的例子。自适应巡航控制基于对其他汽车的相对距离和相对速度进行测量来完成这项任务，通常由前置雷达传感器、前视摄像头或者两者的结合来实现。自适应巡航控制功能的性能要求和测试程序在 ISO 15622[12] 中得到了标准化。

图 4.8　自适应巡航控制

4.1.3.3　自动车道变更

自动车道变更(lane changing)功能使汽车能够安全地从一条车道变换到另一条车道。如图 4.9 所示,车道变更功能比前两个功能更为复杂,它不仅包括横向与纵向汽车控制,还依赖于来自众多传感器的信息及其他功能(如相邻车道的目标检测)的可靠性。

图 4.9　自动车道变更

4.2 系统架构

上面一节介绍了典型 SDV 需要掌握的基本功能。然而，从软件的角度来看，每个功能都可以看作一个单独的模块，需要实现、维护和改进。开发像 SDV 这样的复杂系统需要大量的努力，而 SDV 制造商通常不具备自己从头开始开发所有组件的资源。因此，SDV 应用程序需要依赖第三方的软件组件，而第三方又依赖于其他软件。本节描述了一个完整的 SDV 软件栈[①]通常需要的软件组件，并解释了 SDV 系统架构中不同软件组件之间的关系。

当开发任何复杂的软件产品时，一个好的系统架构是必不可少的。拥有一个好的系统架构不仅可以最大限度地减少长期的开发和维护工作，还可以使系统在将来更容易改进或更新。一个好的系统架构通常将广泛使用的设计模式和久经验证的设计原则与创新方法相结合来解决特定应用场景的问题，理想的做法是利用系统自身的特性。

垂直抽象通常被用来简化复杂软件系统的体系结构。系统分为几个子系统或层。每个层的实现细节基本上是隐藏在其他层之外的，只有通过预定义的接口才能看到。每一层只与其直接的上一层或下一层交互，因此被称为多层系统架构。尽管多层系统方法与单一体系结构相比增加了额外的复杂性，即每个组件都可以自由地与系统中的任何其他组件进行交互，但从长远来看，这样往往会降低成本，因为它有助于系统具有更好的可维护性、实现灵活性和可重用性。

虽然有一些变化，但典型的 SDV 系统架构仍可以概括为三层：硬件层、中间件层和应用层。

4.2.1 硬件层

硬件层负责访问和控制 SDV 中的传感器、执行器和其他硬件。根据所使用的接口，低级硬件访问由某些设备专用的特定固件或某些支持必要标准的通用驱动程序软件提供。除了需要使用特定于硬件的应用程序接口（application program interface，API）进行更精细的低级控制或达到更好的性能外，为了确保硬件独立

[①] 软件栈（software stack），是为了实现某种完整的功能解决方案（例如某款产品或服务）配备的一套软件子系统或组件。——译者注

性、避免供应商锁定[①]和实现更好的代码重用,需要使用标准化的硬件接口。

通常这一层中几乎所有的软件由硬件制造商提供。但是,根据硬件的复杂程度,可能需要定期更新固件,以确保硬件安全可靠,便于使用。

4.2.2 中间件层

中间件层通常由操作系统和运行环境(runtime environment,RTE)组成,它是下层硬件层和上层 SDV 应用层之间的接口。使用中间件层带来了许多好处,因为应用层有现成的、经过良好测试的库,这样能够减少开发工作量、提高可维护性和平台独立性。此外,常见的中间件通常还附带一套应用程序开发和测试的有用工具,这些工具可以进一步减少开发工作量。中间件层的软件通常来自开源项目或软件供应商。下一节将介绍一些广泛用于开发 SDV 的中间件。

4.2.3 应用层

在功能架构部分描述的所有模块都可以作为应用层中的软件组件实现。硬件层与中间件层通常作为标准或者现成软件产品提供,而应用层与前两者不同,它由定制的或高度定制的软件组件组成,这些组件将一个 SDV 系统与另一个 SDV 系统区分开来。大多数时候,这一层的软件通过中间件提供的 API 与其他软件组件和系统的其余部分进行交互。软件组件和中间件之间的交互可能基于消息传递、共享内存、函数调用等,这取决于其支持的通信机制。使用这样的抽象接口可以使应用层与中间件相互独立。

4.3 典型的 SDV 中间件

正如前一节所述,选择合适的中间件非常重要。在本节中,我们将介绍三种常用于 SDV 开发的中间件。

4.3.1 机器人操作系统

机器人操作系统(robot operation system,ROS)这个名字有点用词不当,因为 ROS 不是传统意义上的 Windows、Linux 或 macOS 操作系统,相反,它是运行在操

---

① 供应商锁定,即客户依赖卖方来提供产品和服务,但是没有大量的转换成本从而无法转换为其他卖方。——译者注

作系统上的中间件。ROS 是由位于硅谷的机器人实验室柳树车库（Willow Garage）于 2006 年首创的。ROS 是一种流行的开源中间件，在机器人和自动驾驶领域得到了广泛的应用。

作为中间件，它提供了有助于机器人应用程序开发的工具和库的集合。除了提供能够支持跨机器无缝分布式通信的通信基础设备外，它还支持不同的通信模式，例如异步（使用主题）、同步（使用服务）和数据存储（使用参数服务器）[13]。得益于其灵活的客户端库架构，ROS 应用程序可以使用多种编程语言来实现，包括 C/C++、Python、C#、Ruby、Go 和 Java。然而，在编程时，对 C/C++ 和 Python 以外的语言的支持仍然被认为是不够稳定的。

如图 4.10 所示，ROS 框架由一个 ROS 主节点和多个用户节点组成，这些节点使用 ROS 消息接收输入数据同时发送输出数据。ROS 主节点是所有节点的中心注册点，同时提供参数服务器，即在运行时访问参数的专用服务。在初始化过程中，节点向主节点注册自己，并将主题或节点感兴趣/可以提供的任何服务通知主节点，用 ROS 的术语来说，就是将它想要订阅的主题及它将在运行时发布的服务或主题通知主节点。一旦有可用的新消息，该消息将通过对等远程过程调用（remote procedure call，RPC）直接从发布者节点发送到所有已注册的订阅者节点。不同于集中式通信（即所有消息在最终分发到订阅者之前都通过 ROS 主节点集中分发），这种直接对等通信架构使系统能够进行高效和可拓展的通信。对于那些被其他节点以请求/响应方式调用的服务，节点也可以注册。

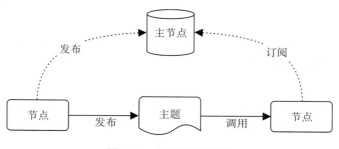

图 4.10　ROS 框架概览

为了提高大型系统中代码的可重用性和协同开发能力，ROS 软件被组织成包，有时也被组织成堆栈。ROS 包是用来解决特定任务的最小单元，它只是一个目录，包含 ROS 节点、一些库、CMake 构造文件和描述包名称、版本、依赖关系等的 XML 包元数据。一个 ROS 栈是 ROS 包的集合，它们共同提供某种功能，例如导航。

与其他机器人系统一样，SDV 通常使用各种坐标系，例如来自全球导航卫星系统传感器的世界坐标系、相对于汽车重心的坐标系、用于定位的相对于固定点的参考坐标系等。跟踪参考坐标系并计算从一个坐标系到另一个坐标系的变换是一件繁琐且容易出错的任务。ROS 变换系统（transform system，TF）是一个参考坐标系跟踪系统，它使用标准化的协议来发布变换，可以简化坐标系变换任务。使用变换系统，ROS 节点可以发布参考坐标系在本机坐标系的描述，也可以获取参考坐标系在其他坐标系中的描述。更深入来看，变换系统使用树形数据结构维护坐标系之间的层次关系。从源坐标系转换到目标坐标系是通过遍历树找到公共父节点，然后累乘坐标系变换实现的[14]。

鉴于 ROS 的开源特性及其在机器人界的积极发展，ROS 已经成为机器人应用（包括 SDV）研究和开发的一个非常流行和广泛使用的中间件。使用这样一个流行的框架的一个主要优点是有各种有用的开源 ROS 包或库，这些包或库可以作为创建定制解决方案、快速原型设计的基础，或仅仅作为学习机器人算法的优质资源。

4.3.2 汽车数据及时间触发框架

汽车数据及时间触发框架（automotive data and time - triggered framework，ADTF）最初由奥迪电子创业有限公司开发，作为高级驾驶员辅助系统开发和测试的内部框架，在 2008 年被作为专有软件提供给其他汽车制造商和汽车供应商。由于该公司在汽车行业具有强大的背景，因此 ADTF 对汽车专用设备和接口具有强大而广泛的支持，例如支持 LIN、CAN、MOST 和 FlexRay 总线，而且被大范围使用，尤其是在德国汽车界。与 ROS 类似，ADTF 是运行在其他操作系统（如 Linux 或 Windows）上的中间件。

如图 4.11 所示，ADTF 是一个多层框架，有四个软件层：组件层、启动环境层、系统服务层和运行环境层。组件层包括用户自定义过滤器及包含附加过滤器或服务（例如，用于与 ADTF 或第三方供应商提供的 I/O 硬件配对）的工具箱。接口加载并运行在一个启动器环境层中，它包括后台（非 GUI）控制台环境、一个最简的图形用户界面（graphical user interface，GUI）运行环境，或者一个完整的 GUI 开发环境（包括配置编辑器、分析器和调试器）。系统服务层为启动器执行提供必要的功能和其他基本的服务，如内存池和时钟。最后，运行环境层负责注册组件、调度系统服务和更改系统运行级别[15]。

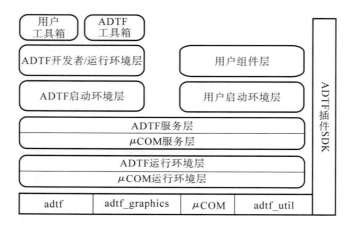

图 4.11　ADTF 框架概览（参考文献："ADTF Architecture Overview", by Digitalwerk, 2019, ADTF v2.14.3 Documentation. © 2019 Digitalwerk GmbH）

ADTF 应用程序通常以过滤器和服务的形式实现，使用 ADTF 软件开发工具包（software development kit, SDK），用 Python 或 C/C++编写。在 ADTF 中，用户组件层中的现有功能通常很容易包装为过滤器，并且函数的输入/输出通过管脚进行激励。集成的 Qt 图像框架支持创建数据可视化或 GUI。使用独立于平台的 ADTF 和 Qt 的软件开发工具包可以确保同样的应用程序代码可以在 ADTF 的 Linux 和 Windows 版本上运行。与 ROS 类似，ADTF 还提供了内置工具和功能支持，这些内置工具和功能可以用于数据记录和回放，便于进行离线处理。过滤器之间交换的数据范围从原始数据类型（如 int 和 bool）到复杂的用户数据类型，例如层次结构数据（嵌套结构）和动态数组。为了使接收机正确地解译传输的数据流，需要在编译时向接收机提供用 ADTF 数据定义语言（data definition language, DDL）编写的有关传输媒体类型的描述，或者在运行时将其作为数据流的一部分进行动态交换。

ADTF 的新版本 ADTF3 允许跨分布式系统的 ADTF 实例之间的无缝通信。与以前的版本不同，每个 ADTF 实例在 ADTF 运行时/开发环境进程中作为一个单独的进程启动，而不是单个线程，多个实例之间的通信通过主机系统的进程间通信（inter process communication, IPC）或使用通用的网络通信协议来实现，例如传输通信协议（transmission communication protocol, TCP）、用户数据报协议（user datagram protocol, UDP）或流控制传输协议（stream control transmission protocol, SCTP）。另一个值得注意的改进是对现代 C++的支持，这使得开发人员能够以更清晰简捷的方式编写 ADTF 代码。除了传统的过滤或基于数据流的应用程序之外，内置的对与其他过滤器进行通用远程过程调用（remote procedure call, RPC）通信的支持，使 ADTF 开发人员能够以更直接的方式开发基于分布式控制流的应用程序。

4.3.3 汽车开放系统架构

汽车开放系统架构（automotive open system architecture，AUTOSAR）与 ROS 和 ADTF 不同，它实际上是一套标准，而不是中间件软件本身。这些标准是由 AUTOSAR 联盟发布的，该联盟是一个全球性的开发合作伙伴关系，由汽车生态系统内的公司组成，目的是为汽车电子控制单元（electronic control unit，ECU）创建一个标准化的体系结构。因此，AUTOSAR 中间件指的就是符合 AUTOSAR 标准的中间件，它有可能是来自不同公司的软件产品的集合，其中每个都符合部分或全部标准。

在 AUTOSAR 之前，每个汽车制造商都必须开发自己的专有系统或使用供应商提供的专有系统。由于缺乏标准，导致代码可重用性差、系统互操作性不足、可测试性有限（进而导致软件质量差）及开发和维护成本高。AUTOSAR 不仅为汽车生态系统中的参与者提供经济利益，而且其方法和规范支持依据 ISO 26262 对安全关键型汽车应用的开发。

在 AUTOSAR 体系结构中，运行在汽车电子控制单元上的软件分为三个抽象层：应用层、运行时环境（runtime environment，RTE）层和基本软件层，如图 4.12 所示，显示了具体层级的架构。应用层包含用户或应用程序特定的软件组件（software component，SWC）。SWC 之间或 SWC 与通信总线或其他服务之间的通信通过 RTE 完成。RTE 实际上是机器生成的代码，在这些组件之间建立了通信"管道"，即创建必要的内部变量来存储交换的数据，以及 SWC 访问这些变量或 AUTOSAR 服务的方法。基本软件层为 SWC 和 RTE 提供硬件和标准化服务，如诊断、编码等。基本软件层堆栈、RTE 生成器和其他工具（如 AUTOSAR 创作/建模 IDE）通常由 AUTOSAR 技术供应商公司提供。

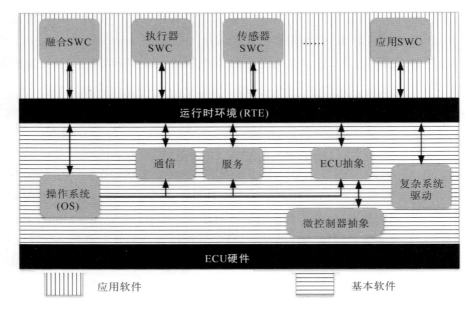

图 4.12　AUTOSAR 架构（参考文献："Layered Software Architecture"，by AUTOSAR，2017，AUTOSAR Classic Platform 4.3.1 Document ID 053，p.80. © 2017 AUTOSAR）

AUTOSAR 中组件之间的通信一般分为两种模式：发送器/接收器（sender/receiver，S/R）和客户端/服务器（client/server，C/S）通信。典型的应用包括从通信总线（如传感器数据流）读取输入值、处理 SWC 中的输入值，并定期将计算结果发送回通信总线。这种基于循环数据流的处理主要是通过发送器/接收器端口来实现的，这些参数包括数据是否在发送器/接收器端口排队、阻塞/非阻塞访问等。基于控制流的通信或对服务的非周期性访问，例如读取某个汽车参数（编码）或应用返回值函数调用加密服务，通常使用客户端/服务器通信进行处理。

无论使用哪种通信类型，通信参与者之间要交换的数据类型和格式都需要在设计时商定。SWC 中可访问的所有可用函数的方法签名（包括方法名称、预期参数及其类型，以及来自 SWC 外部的所需函数的方法签名）是本规范最重要的部分。因为规范通常是从 AUTOSAR XML 或 ARXML 文件导出到 C 头文件中，并为所有与 SWC 交互的组件提供一个"绑定协议"（binding contract），这被称为协议阶段头（contract phase header）文件。ARXML 是 AUTOSAR 的常用数据交换格式。它是一种人们可读的格式（可扩展标记语言），所有使用 AUTOSAR 的工具都使用它。

SWC 运行行为（runtime behavior）也在设计时定义。该定义指定如何调度

SWC,即如果需要定期调度 SWC,则使用循环参数;如果基于事件进行调用,则包括事件类型。生成的 RTE 还包含一个调度器,它能够调度所有的 SWC。在 AUTOSAR 组合中,电子控制单元中的所有软件组件都"绑定"在一起,即所有发送器/服务器端口都绑定到它们的接收器/客户端对应端口。在链接步骤中,SWC 最终与生成的 RTE 和其他组件集成在一起。链接成功后,生成的二进制文件被闪存到电子控制单元,并准备在汽车上执行。

因为 AUTOSAR 在概念上是为了开发出一种安全的、具有硬实时自动驾驶功能的标准化方法,所以在设计时必须静态地配置所有或几乎所有的项目。静态系统方法可以确保应用是完全确定的,但是对于某些应用,例如 SDV,它可能限制太多。因此,AUTOSAR 联盟引入了 AUTOSAR 自适应平台标准,并对其进行了一些比较宽松的限制,以支持动态可配置系统的开发,例如除了支持只读存储器(read-only memory,ROM)、动态调度和虚拟地址空间,还支持从随机存储器(random access memory,RAM)访问内存[16]。

在撰写本书时,AUTOSAR 已经发布了如下标准[17]:
- 适用于"传统"硬实时和安全关键系统的经典平台标准(classic platform standard)。
- 适用于需要动态链接服务和客户端系统的自适应平台标准(adaptive platform standard)。
- 提供经典平台和自适应平台通用部分的基础标准(foundation standard)。
- 总线级和应用级 AUTOSAR 堆栈实现验证的验收测试标准(acceptance tests standard)。
- 定义公共域应用程序接口语法和语义的应用程序接口标准(application interface standard)。

4.4 小结

正如我们在本章中所看到的,SDV 需要将大量零碎的功能整合起来,以实现安全驾驶至目的地的目的。在本章中,我们展示了汽车如何将收集的局部环境的信息与其他因素结合起来,以到达目的地。

本章第一部分探讨了 SDV 安全并有效地工作所需的附加功能,可以将这些功能划分为感知、规划和汽车控制。

规划任务回答了这样一个问题:"我如何安全到达目的地?"它分为三个不同的阶段:路径规划、行为规划和运动规划。路径规划的目的是通过地图找到当前位置和目的地之间的最优路线。最优指的是该任务需要考虑来自乘客(例如避开过路费的偏好)、汽车(例如延长电动车的电池寿命)和环境(例如不要在高速公路上逆行)的所有约束。路径规划的结果是一系列离散的航路点。行为规划旨在考虑当前环境和道路状况的条件下,寻找到达下一个航路点的最佳方式。最后,运动规划确定实现了上一步输出的最佳路径,并提供了汽车控制器用于驱动汽车的高级指令。

汽车控制功能将指令传递给实际控制驾驶和转向的各种执行器和控制器。它从规划功能中获取转向角、油门和制动指令,并确保这些指令安全地转换为传递给硬件的指令。正如我们所解释的,汽车控制器是一个关键的安全系统,如果发生任何意外事件(如由于外部因素或传感器故障),它是"最后一道防线"。正如我们所看到的,有三个主要的汽车控制任务:车道保持、自适应巡航控制和车道变更,这三项任务都是作为高级驾驶员辅助系统的一部分存在的,被安装在许多现代汽车上。然而,在 SDV 中,它需要在没有人为干预的情况下自动完成所有功能,所以安全地进行车道变更是更具有挑战性的,这是因为此时 SDV 必须同时执行多个控制任务,并监控大量传感器。

本章第二部分介绍了多层系统架构的概念。多层系统架构描述了实现 SDV 技术所需功能的实际软件系统,它分为了三层:硬件层、中间件层、应用层。系统在硬件层运行;中间件层将数据从硬件层上传到应用层,并将指令从应用层向下传递到硬件层;最后在应用层实现 SDV 的各种具体功能。回忆一下,一般来说,硬件层和中间件层使用硬件供应商提供的软件或来自开源和第三方库的软件,这样有更大程度的互操作性,并能简化代码的开发和维护。相比之下,应用层往往由针对每个 SDV 进行优化的定制或专有代码组成。

本章的最后一部分详细介绍了用于 SDV 技术的一些标准中间件。中间件在任何 SDV 软件系统中都是关键部分。我们知道,ROS 是 SDV 的热门选择,因为该技术被广泛研究并具有大量的应用程序和工具库。ADTF 是奥迪电子创业有限公司专门为汽车应用开发的专用中间件,因此,它为汽车中的专用硬件和控制总线提供了强大的支持。与 ROS 和 ADTF 不同,AUTOSAR 是一套定义汽车电子控制单元的标准。通过遵循 AUTOSAR 标准,SDV 制造商可以确保他们正在创建一个安全、可维护和可互操作的中间件。

现在我们已经知道了 SDV 需要什么样的硬件和软件,下一步就是将它们组合成一个完整的系统,这是每个开发人员在开发 SDV 时所做的主要工作,这需要深厚的编程功底。与大多数技术一样,可用的硬件和软件都有许多选择,我们将在下一章讨论几个常用的框架。

参考文献

[1] Edsger W Dijkstra. A note on two problems inconnection with graphs. *Numerische mathematik*, 1(1):269-271, 1959.

[2] Robert Geisberger, Peter Sanders, Dominik Schultes, and Christian Vetter. Exact routing in large road networks using contraction hierarchies. *Transportation Science*, 46(3):388-404, 2012.

[3] Julian Dibbelt, Ben Strasser, and Dorothea Wagner. Customizable contraction hierarchies. *Journal of Experimental Algorithmics (JEA)*, 21:1-5, 2016.

[4] Graph Hopper. Graphhopper routing engine. https://github.com/graphhopper/graphhopper. [accessed 07-Nov-2018].

[5] Junqing Wei, Jarrod M Snider, Tianyu Gu, John M Dolan, and Bakhtiar Litkouhi. A behavioral planning framework for autonomous driving. In *2014 IEEE Intelligent vehicles Symposium Proceedings*, pages 458-464. IEEE, 2014.

[6] Laurene Claussmann, Marc Revilloud, Sebastien Glaser, and Dominique Gruyer. A study on ai-based approaches for high-level decision making in highway autonomous driving. In *Systems, Man, and Cybernetics (SMC), 2017 IEEE International Conference on*, pages 3671-3676. IEEE, 2017.

[7] Christos Katrakazas, Mohammed Quddus, Wen-Hua Chen, and Lipika Deka. Real-time motion planning methods for autonomous on-road driving: State-of-the-art and future research directions. *Transportation Research Part C: Emerging Technologies*, 60:416-442, 2015.

[8] Lydia Kavraki, Petr Svestka, and Mark H Overmars. *Probabilistic roadmaps for path planning in high-dimensional configuration spaces*, volume 1994. Unknown Publisher, 1994.

[9] Steven M lavalle. Rapidly-exploring random trees: a new tool for path planning. Technical report, 1998.

[10] Alaa Sheta and Hamza Turabieh. A comparison between genetic algorithms and sequential quadratic programming in solving constrained optimization problems. *ICGST International Journal on Artificial Intelligence and Machine Learning (AIML)*, 6(1):67-74, 2006.

[11] Kavraki-lab. The open motion planning library. http://ompl.kavrakilab.org. [accessed 07-Nov-2018].

[12] ISO. ISO 15622: Intelligent transport systems – adaptive cruise control systems – performance requirements and test procedures. https://www.iso.org/standard/71515.html. [accessed 07 – Nov – 2018].

[13] K Conley. Ros/introduction – ros wiki. *ROS Wiki*, 2011. http://wiki.ros.org/ROS/Introduction. [accessed 07 – Nov – 2018].

[14] Tully Foote. Tf: The transform library. In *Technologies for Practical Robot Applications (TePRA), 2013 IEEE International Conference on*, pages 1 – 6. IEEE, 2013.

[15] Digitalwerk. Automotive data and time – triggered framework sdk documentation overview version 2.14.2. https://support.digitalwerk.net/adtf/v2/adtf_sdk_html_docs/index.html. [accessed 07 – Nov – 2018].

[16] Simon Fürst. Autosar adaptive platform for connected and autonomous vehicles. In *Proc. conf.*, 8th Vector Congress, Alte Stuttgarter Reithalle, 2016.

[17] AUTOSAR. Autosar standards. https://www.autosar.org/standards/. [accessed 07 – Nov – 2018].

第 5 章

集成

前几章介绍了自动驾驶汽车中使用的硬件和软件组件。下一步我们将重点介绍如何将这些组件组合在一起来开发一款 SDV。本章包括三个主要主题：准备 SDV 开发所需的步骤；安装传感器驱动程序和读取汽车数据等过程的一些演练示例；关于 SDV 测试的讨论。

本章包括了对开源汽车控制（open source car control，OSCC）的讨论，这是一种线控套件，旨在实现计算机对现代汽车的控制。OSCC 允许用户连接到汽车的内部控制系统，包括其通信网络，这使得开发者可以选择使用自己的硬件和软件，结合基于 Arduino 的 OSCC 模块，向汽车的电子控制单元发送控制指令，并从汽车的 CAN 网络读取控制信息。OSCC 套件为那些在预算紧张的情况下工作且不愿意在私有的黑盒系统上花费大量资金的独立开发者提供了巨大的便利。

请记住本书第 1 章中的免责声明。现代汽车极其复杂，如果操作不当，可能会导致人员死亡或重伤。至少，改装你的汽车可能会使保修失效，也可能使你的保险失效。此外，在大多数司法管辖区，只有获取了特殊许可证才能在公共道路上进行 SDV 的开发测试，并且在某些地区 SDV 是非法的。特别重要的是，要认识到 OSCC 的设计是为了在受控的、私有的环境中促进原型机设计，而 OSCC 模块不符合在公共道路上使用所需的安全或质量标准。

5.1 准备工作

在开始开发 SDV 之前，需要完成一些准备步骤，例如选择汽车及安装和校准所有传感器。

5.1.1 选择汽车

选择合适的汽车是开发 SDV 的关键。如第 2 章所述,现代汽车通常具有专有的执行器和电子控制单元,难以对其进行操作,用一辆老旧的汽车开展实验更好。然而,老式汽车缺少许多所需的线控系统,而像 OSCC 这样的设备就是为这种场景开发的。OSCC 用于特定的、随时可用的实验汽车改装,使开发更加容易。我们将在 5.2.1 节中详细讨论 OSCC。

5.1.2 汽车网络

选择了汽车后,您需要一种无缝集成汽车硬件和软件的方法。只有建立可靠的硬件连接,才能创建一个稳定的网络,通过这个网络,传感器、计算平台和执行器相互通信。最终,我们要求汽车部件在所有情况下都能达到预期的性能。通信中的任何故障都可能导致错误,并使系统无法有效、安全地运行。所有现代汽车都有各种形式的集成网络,而且许多汽车可能会配备一个以上的网络。鉴于对不同类型传感器的不同需求,大多数 SDV 需要不同类型网络的组合。

在第 2 章中,我们讨论了不同类型网络的性能对比,这里我们讨论如何在它们之间做出选择。主要考虑的因素之一是可用带宽或网络容量。有些传感器,比如激光雷达,会产生大量的数据,这些数据需要反馈给计算平台。而其他传感器,如里程计,数据传输速率要低得多。另一个考虑的因素是是否需要实时处理数据。一般地,对检测目标并避免碰撞的安全关键系统有实时性的要求,而为路线规划算法提供数据支持的系统可以应对一定延迟(尽管在这里您也希望使延迟最小化)。最后,还应考虑成本和实用性方面的问题。

根据汽车平台的不同,可能还需要将通信网络连接到汽车中央网关(vehicle's central gateway)模块。该网关充当路由器,为所有汽车通信提供中心枢纽。来自汽车每个部件的信息传输到网关,从而网关可使汽车在任意总线间交换数据。此解决方案允许计算平台访问来自汽车的其他非驱动部件的数据,例如汽车的温度和电池状态。

5.1.3 传感器选择与校准

为您的汽车选择合适的传感器需要考虑三个方面的平衡:
- 功能

  SDV 特定的应用场景决定了需要哪些传感器。比如,室内仓库的自动铲车与用于高速公路、城市的乘用车所需的传感器有很大差异。

● 成本

有些传感器,如激光雷达,性能优异,但价格昂贵。有时,将如雷达、相机这样的设备结合起来并使用传感器融合技术来合成所需数据会使成本更低。

● 实用性

您需要考虑一些更实际的方面,主要包括汽车中的可用功率、传感器安装位置(以及如何安装)、如何将传感器连接到车内网络等方面。

SDV 传感器收集和传递的信息必须尽可能准确,我们可以通过校准来实现。例如,对于摄像头,校准使图像更精确,从而能够精确地计算距离和速度。校准过程会计算传感器相对于汽车及其周围环境的精确位置,并确定其是否与默认参数不同。传感器的位置、朝向和缩放比例是随汽车不同而不同的参数。

通常,通过将一个特殊的校准目标放置在与摄像头保持一段距离的位置来校准摄像头,如图 5.1 所示,此距离由制造商规定。该设备将图像与已知值进行比较,计算偏移量,并对初始参数进行必要的调整以使图像一致。

图 5.1　传感器校准的例子(© STR Service Centre Ltd.)

然而,实际运作时,不仅需要在初始设置时进行校准,还需要不时地对汽车中的传感器进行调整,以适应不断变化的环境,这通常使用软件中的自校准算法执行。根据 Collado 等提出的方法[1],可以提取道路标记,利用这些标记能够进行双目立体视觉的匹配标定,结合算法为视觉系统提供高度、俯仰和滚转角参数。

5.2 开发

一旦你已经确定了合适的实验汽车,选择并安装了传感器及计算平台,并确保所有硬件联网并正确安装在汽车上,如图 5.2 所示,你就可以开始开发了。本节给出了一些安装中间件、访问传感器和实际开发软件所需步骤的实例。

图 5.2 SDV 原型车内的开发和测量系统实例(© Steve Jurvetson)

统一整个自动汽车的计算平台需要运行一个合适的中间件。这里有多种选择,但在本例中,我们将以开放源代码的中间件 ROS 为基础展开介绍,我们在上一章中已讨论了它。这个软件框架集合是一个理想的选择,因为它是为快速原型机的开发而设计的。然而,由于其实时性较差(尽管已经在努力通过创建下一代 ROS 架构,如 ROS2.0[2] 和 RGMP - ROS[3] 来解决这一问题和其他问题),因此不适用于商用量产。

5.2.1 开源汽车控制套件

开源汽车控制套件(open source car control,OSCC)是一个完全开源的汽车控制项目,旨在使更多用户投入到 SDV 开发中。为了简化 SDV 的开发过程,OSCC 专注于一个单一的、现成的车型,即起亚灵魂①。OSCC 为工程师们提供了用来操

---

① 中文名称为东风悦达起亚 soul。——译者注

作和修改 2014 型号及更高型号的线控系统所必需的硬件和软件,使得工程师们能够构建自己的 SDV 应用程序。这是对 SDV 开发者帮助最大的一点,否则他们将不得不从头开始研究如何操纵汽车。而事实证明这也便宜得多,购买 OSCC 项目所需组件的成本不到 1 万美元(包括汽车平台),相比之下,为定制的线控汽车购买部件和汽车自身的成本总和可能超过 10 万美元。更重要的是,一些线控汽车平台所包含的信息可视为"黑盒子",这意味着它所包含的信息在一定程度上是不可访问的,以此来保护专有技术。而 OSCC 使任何对这个领域感兴趣的人都可以尝试线控操作系统,因为所需的黑盒子数据已经被分析且公开了。

OSCC 主要由三个部分组成:基于 Arduino 的微控制器平台的硬件控制器,OSCC 控制器软件和详细的维基(wiki)或知识库(提供硬件设计、CAN 总线控制代码等细节)。

5.2.1.1 OSCC 控制器

OSCC 试图在可能的情况下复用起亚灵魂车型的原始硬件。但是,为了使其成为完整的 SDV,还需要增加几个模块。

OSCC 大范围使用了 Arduino 系列的开源微控制器板。Arduino 板通常由一个微控制器(通常是一个 Atmega 芯片)、一些存储器、一个稳定的电源电路及可通过一组标准接头连接的数字和模拟引脚组成。这些接头使你可以连接大量的拓展板,它们是提供专用功能(如网络、伺服控制器或传感器输入)的子板。

CAN 总线网关

起亚灵魂车型已经安装了几根 CAN 总线,能够提供诸如转向角、制动力、车轮速度和转向指示灯等数据。然而,为了避免干扰本机系统,OSCC 系统使用 CAN 总线网关连接到汽车的 OBD-Ⅱ CAN 总线。网关使来自 OBD-Ⅱ CAN 总线的消息能够与新的 OSCC 控制的 CAN 总线共享。该网关基于 Seeed Studio CAN 总线拓展板 v1.2。

OSCC 控制器板

系统需要几个控制板,具体来说,有三个模块用于连接线控系统、CAN 网关及包含紧急停止功能的配电板。所有这些模块都是 Arduino 拓展板,OSCC wiki 上提供了所有必要的示意图。定制制造厂商应该能以每块 50 美元左右的价格生产这些拓展板。

5.2.1.2 线控系统

起亚灵魂车型的转向和油门是由全执行器控制的,但刹车仍然是纯机械的。

OSCC 项目组建议改装 2004—2009 款丰田普锐斯的线控刹车系统。OSCC wiki 提供了关于如何做到这一点的完整细节，包括展示如何将其安装在普锐斯上的图示，以及将其连接到 OSCC 控制器的引脚说明。

5.2.1.3　OSCC 软件

OSCC 软件包括所有 Arduino 板所需的固件。固件是控制硬件组件的嵌入式软件。还有一些控制软件元素被设计出来与标准的 SDV 中间件（如 ROS）一起工作。软件和固件是基于 PolySync 的核心平台，在 OSCC wiki 上提供了编译和安装的完整说明。下面，我们给出了一个如何为起亚灵魂车型安装固件的例子。

```
# navigate to the correct directory
cd firmware
mkdir build
cd build

# use flags to tell cmake to build for a petrol vehicle and
    to override operator control
cmake .. —DKIA_SOUL=ON —DSTEERING_OVERRIDE=OFF

# now build the firmware with make
make

# alternatively, use make <module-name> to build a specific
    module
make brake
make can-gateway
make steering
make throttle

# now you can upload each module. The system expects a single
    module connected to /dev/ttyACM0
make brake-upload

# if you want to upload all the modules at once specify their
    addresses
cmake .. —DKIA_SOUL=ON —DSERIAL_PORT_BRAKE=/dev/ttyACM0
    —DSERIAL_PORT_CAN_GATEWAY=/dev/ttyACM1
    —DSERIAL_PORT_STEERING=/dev/ttyACM2
    —DSERIAL_PORT_THROTTLE=/dev/ttyACM3

# now you can flash all the modules at once
make all-upload
```

OSCC API

OSCC 包含一组用于控制模块及从转向系统读取传感器值的 API。下面是访问 API 的代码片段。

```c
// open the OSCC endpoint
oscc_result_t oscc_open( uint channel );

// enable all modules
oscc_result_t oscc_enable( void );

// publish control commands to the relevant CAN buses
oscc_result_t publish_brake_position( double
    normalized_position );
oscc_result_t publish_steering_torque( double
    normalized_torque );
oscc_result_t publish_throttle_position( double
    normalized_position );

// subscribe to the relevant callbacks to receive sensor data
oscc_result_t subscribe_to_brake_reports(
    void(*callback)(oscc_brake_report_s *report) );
oscc_result_t subscribe_to_steering_reports(
    void(*callback)(oscc_steering_report_s *report) );
oscc_result_t subscribe_to_throttle_reports(
    void(*callback)(oscc_throttle_report_s *report) );
oscc_result_t subscribe_to_fault_reports(
    void(*callback)(oscc_fault_report_s *report) );
oscc_result_t subscribe_to_obd_messages(
    void(*callback)(struct can_frame *frame) );
// close the OSCC endpoint
oscc_result_t oscc_close( uint channel );
```

5.2.2 安装中间件与设备驱动

将汽车的所有部件连接在一起后，需要正确地安装和配置它们来确保它们按预期工作。每个设备都应该有对应的设备驱动程序，必须安装这些程序来确保设备能够与中间件和汽车的其余部分成功通信。

5.2.2.1 ROS

如 4.3.1 节中所述，ROS 是一个在其他操作系统（如 Linux）之上运行的中间件。作为中间件，它提供了工具和库的集合，这些工具和库有助于机器人应用的开发。除了提供跨机器无缝分布式通信的通信基础设备外,它还支持不同的通信模式:异步(使用 topic)、同步(使用 service)和数据存储(使用参数服务器)。

ROS 是一个开源程序,因此任何人都可以免费获取。最简单的选择是下载 ROS[①] 并简单地按照安装说明进行操作。ROS 有多个版本,从具有长期开发历史的稳定版本到支持较少的最近版本。在下面的例子中,我们使用的是 indigo 版本[②]。

5.2.2.2 传感器驱动

如上所述,每个硬件组件都带有固件或驱动程序,汽车使用这些设备前必须要先安装这些固件或驱动程序。在本例中,我们将完成 Velodyne VLP 16 激光雷达的安装过程。以下考虑将传感器连接到中间件所需的步骤,重点介绍实现它们的关键安装步骤和命令行。

使用 Velodyne 激光雷达前,需要安装驱动:

```
$ sudo apt-get install ros-indigo-velodyne
```

或者,可以按照文献[4]所述,从源代码构建驱动程序。首先,需要初始化 ROS indigo 环境:

```
$ source /opt/ros/indigo/setup.bash
```

下一步是在 ROS 工作区中克隆(下载)驱动程序的源代码:

```
$ mkdir -p ~/catkin_ws/src
$ cd ~/catkin_ws/src
$ git clone https://github.com/ros-drivers/velodyne.git
```

再安装驱动的依赖项:

```
$ cd ..
$ rosdep install --from-paths src --ignore-src --rosdistro
    indigo -y
```

最后,构建驱动程序,并在 ROS 工作区中对其初始化:

---

① http://www.ros.org/
② 截至 2023 年 4 月,ROS 分为 ROS 1 和 ROS 2 进行发布。ROS 2 最新发布的版本为 Humble Hawksbill。——译者注

```
$ catkin_make
$ source devel/setup.bash
```

5.2.2.3　CAN 驱动

汽车部件可以通过许多不同的网络进行通信。在我们的例子中，汽车平台和中央网关使用的驱动程序，是自 2.6.25 版以来就包含在 Linux 内核中的 Socket-CAN，通过交换 CAN 消息进行通信。要使用该驱动程序，我们首先使用以下命令加载它：

```
$ sudo modprobe can
```

然后使用 lsmod 命令查看 SocketCAN 模块是否已经成功加载：

```
$ sudo lsmod | grep can
can  45056  0
```

这告诉我们 SocketCAN 驱动已经成功加载。数字 45056 是以字节表示驱动程序占用的内存，而最后一个数字告诉我们当前正在使用的模块实例数，0 表示没有实例处于使用状态。下一步是配置 CAN 比特率，在 CAN 网络上运行的设备必须以相同的比特率运行。以下示例显示如何将第一个 CAN 接口（标记为 can0）的比特率设置为 1250000 b/s。系统可能有不止一个可用的接口，它们可以被初始化为 can1、can2 等。

```
$ sudo ip link set can0 type can bitrate 1250000
```

最后，我们启动驱动。

```
$ sudo ifconfig can0 up
```

有些计算平台没有 CAN 接口输出，在这种情况下，你需要安装 USB-CAN 硬件适配器。在我们的实例中，使用 ROS 作为中间件，这使我们可以安装一个非常有用的 ROS 包：socketcan_bridge。此软件包可以将 CAN 消息转换为 ROS 主题，反之亦然。以下命令说明如何在 ROS indigo 中安装 socketcan_bridge 包。

```
$ sudo apt-get install ros-indigo-socketcan-bridge
```

5.2.3 软件实现

接下来,我们将简要说明如何实现 SDV 功能所需的软件。

一般来说,软件实现有两种主要方法:对手工编写代码的开发或基于模型的开发。在实践中,经常同时使用这两种方法来发挥两者的优势。

人工智能的发展,特别是在深度学习领域的稳步发展,促使科学家们尝试另一种方法,即让计算机自身生成"规则",然后应用这些规则,根据当前输入的数据做出决策。在这种情况下,软件的功能性是基于一个完全由计算机创建的决策过程实现的,而这对人们来说通常是不透明的,我们将在第 6 章更详细地讨论这个话题。

5.2.3.1 对手工编写代码的开发

顾名思义,可以使用如 C/C++这样的编程语言,手动编写软件的源代码。一些中间件,如 ADTF 和 ROS,也允许使用 Python 编写软件。

这种方法为软件开发人员提供了在软件中实现所需功能的最大自由度和灵活性,同时也需要考虑编写代码的最佳实践方式。当要构建一个安全并且关键的软件时,开发者还必须遵守常见的行业最佳实践和正式的软件开发指南。在汽车行业中已经确定的两个准则是 MISRA-C 和 MISRA-C++。顾名思义,汽车工业软件可靠性协会(motor industry software reliability association,MISRA)已经分别分别以 C 和 C++制定了相应的标准[5]。

当前,源代码可以用任何文本编辑器编写。然而,使用诸如 Eclipse 这样的集成开发编辑器(integrated development editor,IDE,见图 5.3)可能会由于具备代码补全、重构工具和集成调试等特性而提高生产率。此外还可以安装附加插件,如 PyDev 和 C/C++开发工具,以便促进 Python 和 C/C++的开发任务。

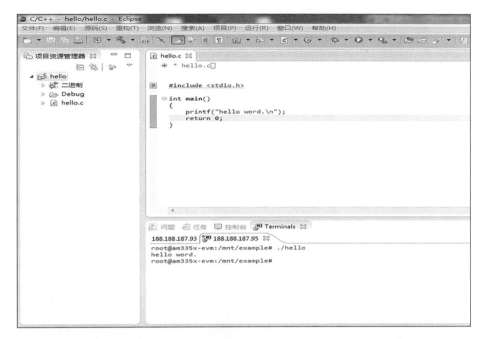

图 5.3 安装了 C/C++开发工具插件的 Eclipse IDE

5.2.3.2 基于模型的开发

基于模型的开发使用可视化建模规则来制订和设计软件功能。更复杂的函数由简单的功能模块的组合实现，并且模型可以在代码生成工具的帮助下自动转换为源代码（通常是 C 语言）。这意味着你创建的模型可以用于跨多个计算平台实现相同的功能，而不必处理复杂的实现过程或平台不兼容问题。

常用的基于模型的开发工具，如 MATLAB 和 ASCET，为仿真及自动模型测试和验证提供了广泛的支持，从而缩短了开发周期[6]。基于模型的开发是开发不断迭代更新的软件的一个好方法，这一过程通常涉及在以前版本的功能基础上使用迭代集成的方法开发新功能[7]。

然而，基于模型的开发也有一些缺点，包括代码运行效率较低、生成代码的可读性差，以及由于缺乏标准而存在被供应商锁定的风险[8]。更重要的是，相对于用代码实现，有些功能用模型实现更困难、更复杂，比如尝试实现那些涉及数据结构的功能[9]。

5.2.4 建图和定位

获取准确的地图对于 SDV 进行自我定位至关重要。理论上,如果汽车具备高精度的地图和稳健的定位技术,就可以实现非常精确的定位,但在某些情况下,地图可能没有足够的分辨率或覆盖范围,甚至完全不可用。SDV 的初步测试通常在私人设施中进行,因此这个问题更加严重。而在公共道路上进行此类实验通常需要取得当地交通主管部门颁发的特殊许可证[10]。

如果没有足够精确的地图可用,那么我们需要自己创建一个,这通常是在沿着路线行驶的过程中,记录传感器数据并在实时数据流(来自摄像头的视频或来自激光雷达的点云)上运行 SLAM 算法,如图 5.4(a)和(b)中所示。这项任务可能相当艰巨,因为它需要大量的工作来获得和维护这些地图。面积越大,需要的工作量越大,因此可以考虑使用专业地图公司(如 HERE[11] 或 TomTom[12])的地图服务或产品。

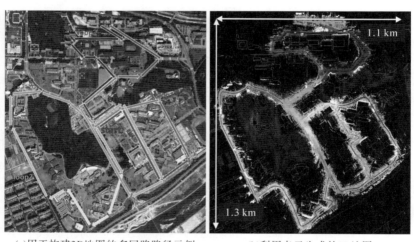

(a)用于构建3D地图的多回路路径示例   (b)利用点云生成的3D地图

图 5.4 地图构建示意图(参考文献:"Accurate Mobile Urban Mapping via Digital Map - Based SLAM",by Hyunchul Roh, Jinyong Jeong, Younggun Cho, Ayoung Kim, Sensors, 2016, 16(8):1315. © Hyunchul Roh, Jinyong Jeong, Younggun Cho, Ayoung Kim)

一旦地图建立好,定位算法便可以处理来自传感器的数据,以确定汽车在地图上最可能的位置和姿态。当汽车继续行驶,从其他输入数据(传感器融合)中收集更多信息时,系统会自动对定位算法的结果进行必要的调整。

5.2.5 读取汽车数据

传感器提供的数据是原始数据，需要进行解析。例如，我们需要捕捉和解析来自汽车转向信号的数据。根据 OSCC，在起亚灵魂车型中，转向信号是通过计算 CAN ID 0x18 的第 5 个字节来确定的。

```
// Turn Signals CAN Protocol
CAN ID = 0x18
Left turn: Byte 5 = 0xC0
Right turn: Byte 5 = 0xA0
```

首先，我们需要告诉 ROS 订阅来自 socket_bridge 的 CAN 消息，并将消息处理程序注册为回调函数来处理 CAN 消息。每当新的 CAN 消息到达时，就会调用该回调函数。

```
ros::Subscriber sub = node.subscribe("sent_messages",
    RECEIVE_BUFFER_SIZE, callback);
```

在回调函数中，我们可以检查第 5 个字节的值，并相应地设置左右转信号。

```cpp
#include <ros/ros.h>
#include <can_msgs/Frame.h>

void callback(const can_msgs::Frame & msg)
{
    if (msg.id == 0x18)
    {
        // reset turn signals
        left_signal = FALSE;
        right_signal = FALSE;

        // set turn signal according to byte 5 value
        switch (msg.data[5])
        {
            case 0xC0 : left_signal = TRUE;
                    break;
            case 0xA0 : right_signal = TRUE;
                    break;
            default :
                    break;
        }
    }
}
```

5.2.6 发送汽车指令

OSCC Wiki 声明,起亚灵魂车型的油门指令在 CAN ID 0x062 的前两个字节中给出(见表 5.1)。

```
// Throttle CAN Command
CAN ID = 0x062
Data length: 8 bytes
Transmit Rate: 20 ms
```

表 5.1 油门指令的 CAN 协议

偏移位数	长度/位	数据
0	16	油门[a]
16	8	保留
24	1	使能
25	1	清除
26	1	忽略
27	29	保留
56	8	计数

a. 油门指令(0=0%,65535=100%)

最后,我们可以填写 ROS 消息并发布,然后让 socketcan_brideg 节点将 ROS 消息编码成 CAN 消息并发送。

```
#include <ros/ros.h>
#include <can_msgs/Frame.h>

// fill in CAN frame message
can_msgs::Frame msg;
msg.id = 0x062;        // CAN ID of the throttle command
msg.dlc = 8;           // Data length: 8 bytes
// assuming little-endian byte order
msg.data[0] = 0xFF; // binary: "11111111" or decimal: 255
msg.data[1] = 0x7F; // binary: "01111111" or decimal: 127

// send the message
pub.publish(msg);
```

5.2.7 记录与可视化

记录运行中的汽车数据是汽车测试的关键部分,因为它允许我们分析和调试需要修改的算法。汽车功能的可视化可以在试驾期间（在线）进行，也可以通过回放存储的数据（离线）来完成。

5.2.7.1 记录与回放数据

为了在 ROS 中间件中存储 ROS 消息数据，我们使用"bag"文件格式。这个文件使用".bag"后缀名，有多种可用的软件来存储、处理、分析并可视化这种类型的数据。Bag 是 ROS 中数据记录的主要机制，它们有多种离线用法。

记录一个 bag 文件：

```
$ rosbag record -a -o sample.bag
```

回放一个 bag 文件：

```
$ rosbag play sample.bag
```

5.2.7.2 使用可视化工具 RViz

RViz（ROS visualization）是一种三维可视化工具，可以用来显示 ROS 中的传感器数据和状态信息。图 5.5 显示了一个使用 RViz 对激光雷达 3D 点云和双目摄像头的左、右摄像头数据进行可视化的示例。

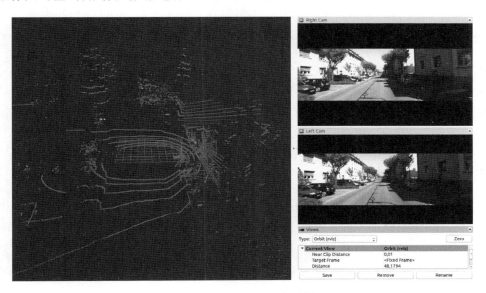

图 5.5　RViz 的可视化示例

5.3 测试

测试是开发过程中必不可少的一部分,因为它使我们能够定义产品的质量、可靠性和可维护性。核心 SDV 技术是以软件的形式实现的,因此软件测试通常会消耗很大比例的总体开发资源,有时甚至比实现功能所需的资源还要多。本节简要概述了软件测试工作,这些工作对开发软件驱动产品(如 SDV)至关重要。

软件测试一般有四个层级:单元测试、集成测试、系统测试和验收测试。让我们分别讨论每一个层级。

5.3.1 单元测试

单元测试的目标是确保软件的所有组件都能独立正常工作。每个组件/模块都与代码的其余部分隔离开,然后分别对其进行测试,以检查其功能是否符合要求。单元测试通常作为白盒测试来运行,白盒测试是一种验证软件实现的内部结构和工作方式的方法。若要在白盒测试中设计测试场景,你需要了解软件如何工作或如何实现。单元测试一般是单独测试组件,这意味着需要模拟所有依赖项(测试组件所依赖的其他组件)或用假组件替换它们。

如果我们将功能架构中描述的定位模块视为单个单元或组件,则此组件的单元测试可能涉及以下内容:

- 具有正常输入值的测试用例,例如在预期的最小和最大边界内的所有值。
- 具有越界输入值的测试用例,即超出最小和最大边界的值。
- 具有错误值的测试用例,例如在语义上没有意义(矛盾)或者存在校验和错误(checksum error)的值。

5.3.2 集成测试

集成测试的目标是测试所有组件在集成或相互连接时的表现。与单元测试不同,集成测试中使用的所有组件都是真实的软件组件。然而,需要记住的是,SDV 系统往往非常复杂,有许多相互依赖的组件,因此可能有必要将系统划分为子系统,以便在发生意外事件时更容易分析故障。在子系统上进行集成测试意味着子系统中所有被测试的组件都是真实的组件,而其他组件可以被模拟。

以上述定位模块为例,一个子系统可以是传感器融合,其包括基于全球导航卫星系统的定位组件、基于惯性测量单元和里程计的定位组件、基于摄像头的定位组件和基于激光雷达的定位组件。根据所使用的中间件和技术，组件之间的交互可以通过消息传递、共享内存变量、函数调用或其他数据交换机制来实现。定义在接口中的每一个组件的行为，都有特定的输入值和输出值的有效范围、预期的输入输出数据结构、周期时间（如果组件是周期性运行的）等。集成测试的示例包括：

- 具有有效接口值的测试用例。
- 存在错误接口值的测试用例，即值超出有效值范围或存在校验和错误。
- 存在时间错误的测试用例，例如在预期的时间窗口内没有提供输入值（超时）。

单元测试和集成测试只关注软件，这就是为什么它们有时被称为软件在环（software-in-the-loop，SIL）测试。一般来说，软件在环测试不需要特殊的硬件，因为测试环境和所有测试用例都是纯软件的。这意味着用户可以在使用标准桌面操作系统（如 Windows、Linux 或 macOS）的 PC 机上进行大多数软件在环测试。虽然用户可以在进行测试的 PC 机上进行软件开发，但是在专用服务器上运行软件在环测试环境通常是一个更好的做法，这样整个开发团队都能访问测试环境，并定期进行自动测试。

5.3.3 系统测试

下一级是系统测试，包括测试汽车上的整个 SDV 软件系统及所有其他系统（如汽车网关和汽车平台）的功能。系统测试的目的是在上路测试前验证整个汽车是否正常工作。此级别假定不了解实现细节，系统被视为一个黑匣子，它使用真实的总线信号（CAN、以太网等）与汽车总线上的其他系统进行通信。系统测试可包括以下内容：

- 具有模拟驾驶情况的测试用例，例如使用模拟传感器值代表行人或其他车辆的避障测试。
- 具有模拟组件或通信故障的测试用例，即传感器阻塞或暂时不可用、总线消息被篡改或信号超时的测试用例。
- 压力测试，例如生成最大处理器/内存总线负载或长时间运行的测试用例。

这一阶段在物理计算平台硬件上测试 SDV 软件及汽车中的其他硬件，因此我们通常使用硬件在环（hardware-in-the-loop，HIL）测试环境。与软件在环测试不同，硬件在环测试至少需要一台 PC 机或服务器（以控制测试执行），以及单独的硬件(要么是 SDV 软件运行的实际计算平台硬件,要么是模拟计算平台的其他形式的硬件)。闭环硬件在环测试环境也使用测试系统下的部分或全部输出数据作为其输入的一部分,而开环硬件在环测试设置的输出不会反馈到输入数据中。

有时,用所有的汽车硬件来搭建一个硬件在环测试环境是不切实际的,或成本太高。有一种替代方案如下,硬件在环测试环境可包括汽车硬件的小部分,如图 5.6 所示,甚至仅包括计算平台硬件本身,而其余硬件可使用 Rest 总线仿真(rest bus simulation,RBS)软件进行模拟。根据测试用例的复杂性和测试资源的可用性,也可以进行自动测试。

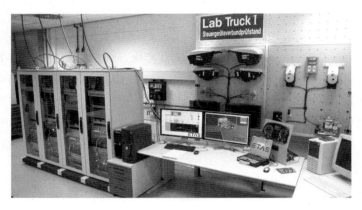

图 5.6　使用电子控制单元集群的硬件在环测试环境(© 2009 ETAS GmbH)

5.3.4　验收测试

软件测试过程的最后一步直接在汽车上进行。这里的重点是将 SDV 作为一个整体产品进行测试,并确保整个产品满足用户或客户的期望。验收测试(acceptance test)是识别由不完整或错误的规范、在其他测试级别没有检测到的错误实现及需要改进的地方而引起的一类技术问题的有效方法。除了随机测试(如沿随机路线或在随机情况下的试驾)外,验收测试案例通常还包括基于预定义场景在预定义(参考)路线上进行的试驾,从而能够将结果与之前的数据进行比较。长期的系统稳定性和在真实交通状况下长时间驾驶的行为正确性也是该水平测试的重要目标。验收测试一般是手动进行的,因为它们通常涉及人类(主观)反馈,如图 5.7 所示。此级别的其他测试用例还可能包括:

图 5.7　在汽车内部进行验收测试（© 2017 Continental AG）

- 在各种天气条件下（如雪或雨）进行路试。
- 在北美、西欧、东南亚等不同地理区域试驾。
- 在极端气候/温度条件下进行试驾，例如，夏季在中东沙漠进行测试，或冬季在斯堪的纳维亚半岛进行测试。

5.4　小结

本章探讨了开始构建 SDV 原型机时所需要考虑的一些问题。第一步是选择合适的汽车，这需要汽车已有线控系统或者将线控系统改装到汽车上。下一步是确保可以访问汽车网络，以便于访问内置传感器，这需要分析总线消息来解析数据的含义。

一旦你拥有一个可以控制的汽车，并且可以访问它的传感器，下一步就是选择你要添加的外部感知传感器。这里主要考虑的因素是工作环境、工作条件和预算。安装好传感器后，你需要校准它们，并测试它们是否正常工作。开发过程的下一个阶段是选择一个计算平台并安装所需的中间件和控制软件。在 5.2.2 节中，我们展示了 ROS 中间件的相关操作示例。

我们详细讨论了 OSCC，它提供了将某辆车改装成 SDV 原型机所需的硬件、固件和软件。相对于自己开发原型机，这种方法可以节省大量的时间，而且便宜得多。然后，我们研究了如何在计算平台上安装所需的中间件和驱动程序。在5.2.3节中，我们讨论了两种不同的开发方法。手工完成代码开发工作时，需要软件开发人员从头开始编写代码，而基于模型的开发则使用 MATLAB 等工具由系统模型生成代码。实现所需的所有算法（如多传感器数据融合和汽车控制）可能是一项具有挑战性的任务，通常需要将这两种方法结合起来。

当你已经开发了软件后，就需要测试它。5.3节中讨论了不同级别的测试，并展示了每个级别的一些测试用例样本。软件在环测试先逐步测试单个单元/功能，然后将这些单元/功能集成到更大的功能中。接着进行硬件在环测试，并在实际硬件上（如模拟传感器等）进行测试，最后才能测试整车性能是否如预期一般，并确定是否可以被用户接受。

在下一章中，我们将讨论创建 SDV 时必须考虑的一些其他问题。其中最主要的是安全（显然，你不想开发一个不安全的 SDV）、防护（确保你的 SDV 不被恶意的第三方劫持）及对后端系统的需求（如建图数据、交通情况数据等）。

参考文献

[1] J M Collado, C Hilario, A de la Escalera, and J M Armingol. Self-calibration of an on-board stereo-vision system for driver assistance systems. In 2006 *IEEE Intelligent Vehicles Symposium*, pages 156–162, June 2006.

[2] Jackie Kay and Adolfo Rodriguez Tsouroukdissian. Real-time control in ros and ros 2-roscon 2018. https://roscon.ros.org/2015/presentations/RealtimeROS2.pdf. [accessed 08-Jan-2018].

[3] H Wei, Z Huang, Q Yu, M Liu, Y Guan, and J Tan. Rgmp-ros: A real-time ros architecture of hybrid rtos and gpos on multi-core processor. In *2014 IEEE International Conference on Robotics and Automation (ICRA)*, pages 2482–2487, May 2014.

[4] ROS-Wiki. How do I build ros vlp16 velodyne driver for indigo using catkin edit. http://answers.ros.org/question/226594/. [accessed 08-Jan-2018].

[5] MISRA. Guidelines for the use of the C language in critical systems. *MIRA Limited*. Warwickshire, UK, 2004.

[6] Jonny Andersson. Entwicklung eines notbremssystems bei scania. *ATZelektronik*, 12(1):36–41, Feb 2017.

[7] Manfred Broy, Sascha Kirstan, Helmut Krcmar, and Bernhard Schätz. What is the

benefit of a model-based design of embedded software systems in the car industry? In *Software Design and Development: Concepts, Methodologies, Tools, and Applications*, pages 310–334. IGI Global, 2014.

[8] Kai Borgeest. *Software*, pages 213–277. Springer Fachmedien Wiesbaden, Wiesbaden, 2008.

[9] Mike Whalen. Why we model: Using mbd effectively in critical domains. *Workshop on Modeling in Software Engineering@ICSE 2013*, 2013.

[10] Jamar Gibson. State laws and regulations and local initiatives. https://www.johndaylegal.com/state-laws-and-regulations.html. [online; accessed 08-Jan-2018].

[11] HERE. Here HD live map. https://here.com/en/products-services/products/here-hd-live-map. [accessed 08-Jan-2018].

[12] Tomtom. Tomtom HD map. https://www.tomtom.com/automotive/automotive-solutions/automated-driving/hd-map-roaddna/, 2018. [accessed 08-Jan-2018].

第 6 章
其他技术

构建一台 SDV 仅仅解决已经讨论过的技术问题是远远不够的。如果你想把简单的原型车变成量产车，还必须考虑其他的、通常是外部的问题，其中最主要的是从功能角度和网络安全角度确保汽车安全。只有在 SDV 至少与传统汽车一样安全的情况下才能赢得公众的认可，因此，保护它们免受近年来困扰互联网用户的外部攻击至关重要。这一点相当重要，因为大多数 SDV 需要依赖外部数据源，例如后端系统，以及 V2X（vehicle to everything）通信网络，这些网络将提供有关当前驾驶环境的最新信息。在本章中，我们将更详细地研究这些问题。

6.1 功能安全

功能安全在 ISO 26262 中定义为"不存在因电子/电气（electronic/electric，E/E）系统故障引起的危险而产生的不合理风险"[1]。危险是任何有可能造成人身伤害或损害其健康的事物。自动驾驶任务越多，系统故障导致的潜在安全风险就越高。因此，功能安全是整个 SDV 开发生命周期中的一个重要方面。

6.1.1 功能安全的重要性

功能安全是任何包含 E/E 系统的应用的关键因素。在汽车中，这一点尤为重要，因为系统故障可能导致车内外人员受伤甚至死亡。无论汽车品牌、型号和技术细节如何，功能安全合规性都为客户提供了安全使用的保证，并符合公认的安全标准。这对 SDV 来说尤其重要，因为只有 SDV 技术的性能至少和现有技术一样好时才能认为它取得了一定成功，并且公众对该技术的接受程度直接关系到社会对该技术体验到的安全感。

功能安全标准不仅对消费者很重要,对制造商也很重要。这些标准根据当前的最佳实践制定了最先进的安全流程、要求和指南。如果不符合现行标准,制造商将面临产品责任索赔。例如,在德国,《产品责任法》的第一条规定"……仅在以下情况排除制造商的赔偿义务……在制造商将产品投入销售时,限于当时的科学和技术水平,产生的不可预知的故障免除赔偿。"[2] 遵守行业范围内的功能安全标准,如《ISO 26262 道路汽车功能安全标准》(the ISO 26262 road vehicles - functional safety standard)和《IATF 16949 汽车行业质量管理标准》(the IATF 16949 quality management for the automotive industry standard),有助于制造商将产品责任风险降至最低。然而,遵守功能安全标准不能自动免除汽车制造商未来的责任问题。在美国,《消费者保护法》因州而异。在有些州,坚持认为"最先进"可能是产品责任案件中的有效辩护,但在其他州则不然[3]。随着技术的发展,标准可能会过时,因为它们不再代表当前的技术水平。因此,功能安全标准,如 ISO 26262,应被视为最低安全要求[4]。

6.1.2 ISO 26262

《ISO 26262 道路汽车功能安全标准》(the ISO 26262 road rehicles - functional safety standard)是《IEC 61508 功能安全通用行业标准》(the IEC 61508 general industry standard for functional safety)[5] 在汽车行业的改编版本。在它的第十部分中,概述了功能安全管理、工程流程、使用 V 模型(V - model)作为参考流程模型的产品开发不同阶段的参照,以及支持流程。V 模型是汽车系统工程中的一种标准流程模型,它用 V 形表示开发活动,在 V 形图的左侧为规范和设计,右侧为测试和集成,底部为实现。V 模型显示了开发活动的每个阶段与其相应的测试阶段之间的直接关系。图 6.1 和图 6.2 分别展示了对 ISO 26262 标准和 V 模型的概述。该标准的第 2 版(2018)包括两个新的附加部分,即《ISO 26262 在半导体中的应用指南》(Guidelines on application of ISO 26262 to semiconductors)和《ISO 26262 在摩托车上的适用性》(Adaption of ISO 26262 for motorcycles)。

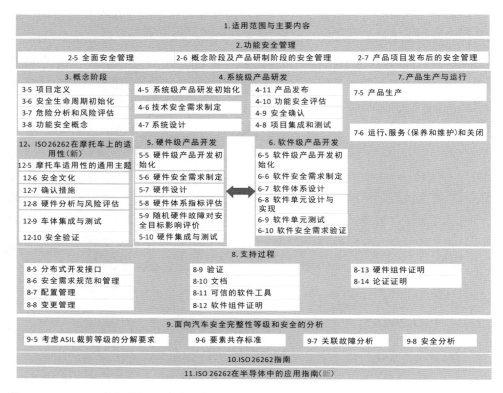

图 6.1 ISO 26262 各部分概述(参考文献:"Road vehicles:Functional safety – Part 1:Vocabulary", by International Standard Organization (ISO), 2011, ISO 26262-1:2011, p. vi. © 2011 ISO)

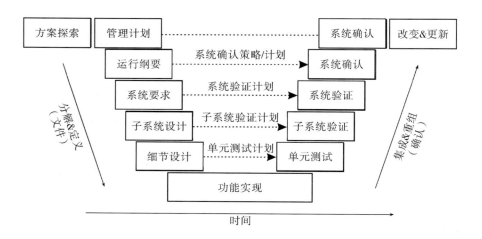

图 6.2 V 模型(© Behnam Esfahbod)

6.1.2.1 安全管理

ISO 26262 标准的前两部分包括词汇表和安全管理。安全管理涉及贯穿安全生命周期的 6 个阶段的安全活动,这些阶段包括概念、开发、生产、运营、服务和淘汰阶段。只要存在不合规或不适用的理由,并且已经根据标准进行了评估,本标准就允许对安全活动进行缩减。安全管理的建议和要求分为三类,即总体安全管理、概念和开发阶段的安全管理和从生产开始的安全管理。总体安全管理要求主要涉及对组织安全文化的评估、能力管理(以确保相关人员具有足够的技能、能力和资格),以及遵守共同的质量管理标准,如 IATF 16949 或 ISO 9001。

6.1.2.2 工程过程和要求

标准的下一部分涵盖了整个安全生命周期的工程过程和要求,如图 6.3 所示,从概念阶段开始。概念阶段的安全活动有项目的定义(即从汽车级别考虑的系统,如安全气囊、电子制动等),以及安全生命周期的开始(即区分新项目开发或现有项目的修改)。在修改的情况下,影响分析包括确定预期的修改、评估修改的影响及(可选的)调整安全活动,这些都是改进安全计划的一部分。上述安全活动之后是

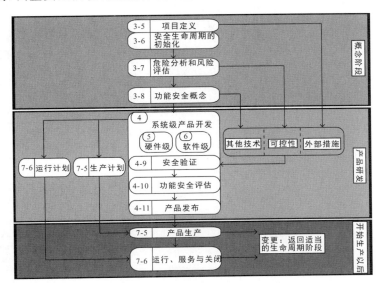

图 6.3 可参考的安全生命周期(参考文献:"Road vehicles:Functional safety - Part 2:Management of functional safety",by International Standard Organization (ISO),2011,ISO 26262 - 2,p. 4. © 2011 ISO)

危险分析和风险评估(hazard analysis and risk assessment，HARA)。HARA 是一种系统地识别和区分危险事件的方法，即预判汽车生命周期中可能发生危险的情况。这借助于常见的技术，如故障模式和影响分析(failure mode and effects analysis，FMEA)或故障树分析(failure tree analysis，FTA)，目的是确定汽车安全完整性等级(automotive safety integrity level，ASIL)，以及实现减轻相关危害的安全目标。最后，概念阶段以从安全目标中得到的功能安全要求的定义而结束。

6.1.2.3 汽车安全完整性等级

汽车安全完整性等级(automotive safety integrity level，ASIL)是评估为了避免不合理的残余风险而需要对某个项目采取的必要安全措施的标准方法。ISO 26262 定义了 4 个 ASIL 级别，从 ASIL A(最不严格的级别)到 ASIL D(最严格的级别)，ASIL D 级别按要求比 ASIL A,B 和 C 具有更全面的安全要求和措施。汽车中的许多功能，如信息和娱乐系统领域下的娱乐应用，与安全无关，因此不需要 ISO 26262 中定义的安全措施。这些功能被归类到 ASIL QM，因为只有标准质量管理(quality management，QM)过程适用于它们。

根据 ASIL 分级表，根据每个危险事件的暴露(exposure，E)、可控性(controllability，C)和严重性(severity，S)来确定 ASIL 级别。暴露指危险事件发生的概率；可控性与规避危险事件的能力相关；严重性量化了事件所造成后果的严重性。严重性、暴露(概率)和可控性的交叉点定义了 ASIL 级别，如表 6.1 所示。

表 6.1 ASIL 分级表

严重性(S)	暴露(E)	可控性(C)		
		C1	C2	C3
S1	E1	QM	QM	QM
	E2	QM	QM	QM
	E3	QM	QM	A
	E4	QM	A	B
S2	E1	QM	QM	QM
	E2	QM	QM	A
	E3	QM	A	B
	E4	A	B	C

续表

严重性(S)	暴露(E)	可控性(C)		
		C1	C2	C3
S3	E1	QM	QM	A
	E2	QM	A	B
	E3	A	B	C
	E4	B	C	D

参考文献:"Road vehicles: Functional safety - Part3: Concept phase", by International Standard Organization (ISO), 2011, ISO 26262-3, p. 10. © 2011 ISO.

6.1.2.4 产品开发

概念阶段之后是产品开发阶段。在系统层面上,功能安全概念现在被细化为技术安全需求规范,它定义了实现相关功能安全需求所需的安全机制。例如,规范定义了检测和控制系统本身或外部系统故障的安全措施,以及实现和保持安全状态(如没有不合理风险等级的运行状态)的安全措施。下一步的工作是进行系统设计,给出基于技术安全需求规范的技术安全概念。技术安全概念包括规避系统故障的安全措施及在汽车运行期间控制随机硬件故障的安全措施。技术安全概念的一部分涉及将技术安全要求分配给硬件和/或软件、硬件-软件接口(hardware-software interface, HSI)的规范及生产、运行、服务和淘汰的系统级要求。

在开发阶段,硬件和软件都需要有安全需求、架构设计、详细单元设计和安全分析(以确定故障的可能原因及其影响)、集成和集成测试。最后,系统级的安全活动经过集成和验证后结束。具体地,集成阶段依次包括系统集成规划、集成验证规划、硬件和软件集成、系统集成和(系统)集成测试,以及汽车集成和汽车测试。而验证阶段提供了与验证计划相关的需求,也会发布文档。

6.1.2.5 生产与安全生命周期

产品开发后,标准规定了生产产品后各阶段的要求和建议。该标准描述了生产阶段的三个子阶段:计划、预生产和生产。生产阶段的建议和要求旨在满足两个目标:一是保证在生产过程中将相关安全元件/部件安装到汽车上;二是在生产过程中实现功能安全。最后,在运行、服务和淘汰阶段,该标准提供了维护规划和维修说明、警告和降级概念、现场监测过程、淘汰说明的要求和建议，以及在整个安全生命周期内保持功能安全的其他要求。

6.1.2.6 支持过程

标准的最后部分包括支持过程的要求、面向 ASIL 和安全的分析及应用标准的指南。支持过程是指不特定于某一具体的安全生命周期阶段，但对实现功能安全和可追溯性至关重要的过程/活动。支持过程包括符合安全要求的正确规范和管理、配置管理、变更管理、硬件/软件组件的鉴定等。面向 ASIL 和面向安全的分析部分包括 ASIL 分解、具有不同 ASIL 等级的子元素共存、相关故障分析和安全分析。本标准的最后一部分提供了一些信息，旨在通过提供 ISO 26262 的概述及本标准所选部分的示例和附加说明来使读者增强理解。

ASIL 分解（ASIL decomposition）是一种 ASIL 裁剪技术，它使用多个独立的元素来实现给定的安全目标。虽然这些元素共同处理相同的目标，但 ASIL 级别可能较低。ASIL 分解使用符号"ASIL C(D)"，这意味着 ASIL C 需求是 ASIL D 的一部分。例如，可以结合一个 ASIL C(D) 的需求与一个 ASIL A(D) 的需求，或结合两个 ASIL B(D) 的需求，来获得 ASIL D 的需求。ISO 26262 标准的倒数第二部分提供了允许的组合表[6]。ASIL 分解的作用体现在以下场景，即实现两个分解的功能安全需求的工作量或成本低于实现原始功能安全需求的情况。

6.1.3 挑战

在整个汽车安全生命周期中，遵守 ISO 26262 需要大量的努力和资源，将该标准应用于 SDV 功能也不例外。

根据 Spanfelner 等的说法[7]，最大的挑战之一是"模型不足"这一普遍问题。为了得出实现功能安全所需的完整的安全措施，需要利用该功能的完整系统模型，其中包括所有外部因素及其对功能的影响。然而，对于某些 SDV 功能来说，完全不可能有这样一个完整的模型。以一个试图预测行人行为的功能为例，不可能列出所有外部因素并确定它们对功能的实际影响，因为有些因素可能永远无法被理解。因此，这类模型最有可能是概率模型，既存在过于简单化（实际情况要复杂得多）的问题，又有欠规范（并非所有外部因素都能识别）的问题。

另一个挑战是对于基于概率模型（如目标分类）的系统缺乏具有标准容许故障率的规范，因为 ISO 26262 中提到的故障率仅适用于随机硬件故障[8]。

此外，基于机器学习的功能开始出现，如深度学习和端到端学习方法（将在第

7 章中简要讨论),对功能安全提出了新的挑战。在这样的系统中,整个决策过程都是由计算机根据一个内部系统模型来完成的,这个模型是由计算机生成的,人类无法理解(甚至不可见)。因此,开发一种新的功能安全方法或出台新的规范很有必要。

6.2 网络安全

有时候防护(security)和安全(safety)可以互换使用,尽管它们在技术上有不同的含义。有些语种甚至可以用同一个词来表示防护和安全,比如德语中的"Sicherheit"。在 SDV 等电子/电气系统中,安全通常意味着不存在因系统故障而导致的不合理风险,因此也意味着防止意外事件的发生。此外,防护的含义也与保护系统免受故意利用漏洞进行的网络攻击有关。而威胁的来源则是另一个用于强调安全与防护之间区别的方面。安全问题主要发生在汽车内部,而防护问题主要由外部因素或车外事件引起。

6.2.1 网络安全的重要性

可以将安全与防护相结合来理解网络安全的重要性。"安全关键系统可以看作是防护关键系统,但不是所有的防护关键系统都是安全关键系统",美国汽车工程师学会(Society of Automotive Engineers, SAE)在其《网络物理汽车系统网络安全指南》(*Cybersecurity Guidebook for Cyber‐Physical Vehicle Systems*)(SAE J3061)[9]中阐述了安全与防护之间的密切关系,见图 6.4。换言之,如果不能通过设计来补充防护,仅靠功能安全性是不够的。

图 6.4　安全关键系统与防护关键系统的关系(参考文献:"Cybersecurity Guidebook for Cyber‐Physical Vehicle Systems", by Society of Automotive Engineers (SAE)International,2016,J3061,p. 17. © 2011 ISO)

虽然传统或非自动驾驶汽车在不需要任何外部连接的情况下仍然可以正常工作,但对于 SDV 来说不太可能实现上述情况。事实上,SDV 的自动化程度越高,汽车就越可能需要依赖外部信息，例如来自后端系统或其他来源的信息。这种与"外部世界"的交互也会使 SDV 面临潜在的网络攻击，可能会从试图侵犯隐私（例如窃取个人数据）到操纵汽车（例如停用一些可能会对车内人员及其周围环境造成伤害的驾驶功能）[10]。

6.2.2 汽车网络安全标准

汽车网络安全标准在 20 世纪 50 年代由美国政府提出，旨在限制主机辐射的允许发射水平，以保护计算机系统免受窃听攻击[11]，至今仍在不断发展。然而，汽车行业的网络安全标准直到 21 世纪初才开始出现。

早期的汽车网络安全标准化计划之一是安全汽车通信（secure vehicle communication，SeVeCom）项目。这个欧盟资助的项目，其主要目标是实现车与车（vehicle-to-vehicle，V2V）的互联网络及车与基础设施（vehicle-to-infrastructure，V2I）的互联网络安全定义一个参考架构。此外，该项目还确定了可以实现 V2X 网络安全的优先和长期的研究领域，以及在这些网络上有关安全功能的部署路线[12]。

在汽车网络安全方面，另一个值得注意的欧洲项目是电子安全汽车入侵防护应用（E-safety vehicle intrusion protected，EVITA）项目。与 SeVeCom 项目不同，EVITA 项目专注于设计、验证和原型化一个安全的汽车车载网络架构[13]。EVITA 硬件安全模块（hardware security module，HSM）规范，也被称为 EVITA HSM 标准，已成为汽车行业主要的 HSM 标准之一。将在下文更详细地介绍 EVITA HSM 标准。

上一节提到的 SAE J3061 是汽车行业的第一个网络安全工程指南。SAE J3061 于 2016 年初首次发布，为开发安全关键性的汽车应用提供了最佳实践。该指南以 ISO 26262 为基础，并在汽车生命周期的所有阶段使用类似的安全工程开发过程。SAE J3061 是最新的国际汽车网络安全标准——《ISO/SAE 21434 道路汽车网络安全工程标准》(the ISO/SAE 21434 road vehicles-cybersecurity engineering standard)的基础。目前（在编写本书时）由 SAE 和 ISO 标准组织共同开发[14]。

除了汽车行业协会和标准化机构发起的工作外，人们还通过结合 IT 界众所周知的方法和汽车系统工程的最佳实践，提出了新的方法。其中一个例子是安全意识危险和风险分析（security-aware hazard and risk analysis，SAHARA）方法，它结合了 IT 界常见的 STRIDE 威胁建模方法和 HARA 功能安全方法[15]。

STRIDE 代表欺骗(spoofing)、篡改(tampering)、拒绝(repudiation)、信息泄露(information disclosure)、拒绝服务(denial of service)和提升权限(elevation of privilege),也称之"微软威胁模型",是一种广泛使用的威胁建模方法,由微软员工 Loren Kohnfelder 和 Praerit Garg 在 20 世纪 90 年代末开发[16]。HARA(hazard analysis and risk assessment),即危害分析和风险评估,是 ISO 26262 的第三部分规定的标准化安全分析方法,用于确定安全目标,并为从安全目标推导功能安全要求提供依据。

6.2.3 安全 SDV 设计

在下面的章节中,我们将研究使用多级系统方法,即硬件安全、软件安全、车内网络通信安全和外部通信安全方法,介绍系统设计中的考虑因素。

6.2.3.1 硬件安全

这个安全级别的重点是保护汽车的物理部件免受外部操作或未经授权的访问。硬件级别的安全通常在硬件安全模块(HSM)的支持下进行。HSM 包括加密服务引擎(通常是硬件加速)和安全密钥存储。加密函数(如数据加密/解密和消息摘要计算)是资源密集型计算,因此最好将其转移到专用组件上执行。安全密钥存储保护安全密钥免遭非法访问或篡改。HSM 还可以支持安全引导,这是一种引导加载程序运行的机制,通过在启动前验证引导代码的数字签名来避免被篡改。

有几个主要的硬件安全标准广泛应用于汽车行业,特别是 EVITA HSM 标准、SHE 标准和 TPM 标准。

如前所述,《电子安全汽车入侵防护应用硬件安全模块标准》(the E-safety vehicle intrusion protected applications hardware security module standard),常简称为 EVITA HSM 标准,由 EVITA 行业协会于 2011 年发布。EVITA HSM 标准规定了三种 HSM 配置文件(或版本):简易型(light)、普通型(medium)和完整型(full)。简易型 EVITA HAM 配置文件仅指定一个内部时钟,对基本硬件加速的加密处理通常应用以下两种算法实现,分别是具有 128 位密钥、以高级加密标准(AES-128)为基础的对称加密/解译算法,以及由内置伪随机数字生成(Pseudo-random Number Generation, PRNG)的算法,其中该算法使用了物理真随机数生成器(physical true random number generator, TRNG)。简易型配置文件被设计用于在成本和效率受限的组件中实现安全通信,例如用于传感器和执行器中[17]。普通型配置文件旨在实现安全的车内通信网络,并且在简易型配置文件的基础上添加了若干附加功能,例如安全方法(单调计数器)、安全内存、安全引导机制及对加密哈希函数(如安全哈希算法,即 secure Hash algorithm,SHA)的支持。最后,完整型配置文件为具有高标准要求的汽车网络安全应用程序提供支持,例如 V2X 网络中的安全和关键性时间通信。在这一级,该加密功能是由基于高速椭圆曲线算法且具有高性能的 256 位非对称密码引擎运行得到的[18]。它还将哈希函数替换为被称为 WHIRLPOOL 的基于 AES 的函数[19]。表 6.2 显示了 EVITA HSM 配置文件之间的一些关键差异。

表 6.2 EVITA HSM 配置文件对比

项目类型	内部 RAM[a]	内部 NVM[b]	对称密码引擎	非对称密码引擎	哈希引擎	真随机数发生器
完整型	√	√	√	√	√	√
普通型	√	√	√	—	—	√
简易型	可选	可选	√	—	—	可选

a. 随机存取存储器。
b. 非易失性存储器。
参考文献:"Secure Automotive On – board Electronics Network Architecture", by Ludovic Apvrille, Rachid El Khayari, Olaf Henniger, et al. 2010, p. 5.

安全硬件拓展(secure hardware extension,SHE)是由德国汽车制造商协会(Hersteller – Initiative Software,HIS)于 2009 年提出的。它被设计成一个低成本的安全密钥存储和加密服务引擎,通常作为现有电子控制单元(electronic control units,ECU)的片上拓展来实现[20]。在功能方面,SHE 与 EVITA HSM 简易型配置规范非常类似,然而 SHE 提供了标准的安全启动。

另一个主要的 HSM 标准是由可信计算群(trusted computing group,TCG)开发的可信平台模块(trusted platform module,TPM)。TPM 标准化为 ISO/IEC 11889,并且由于 TPM 芯片在现代 PC 机和笔记本电脑中的广泛使用而广为人知。最初于 2015 年发布的 TPM 2.0 汽车精简配置文件指定了 TPM 2.0 规范的一个子集,适用于资源受限的 ECU 中的部署[21]。与 EVITA HSM 标准和 SHE 标准类似,TPM 汽车配置文件还支持安全密钥的存储和管理。然而,对于 TPM,更多关注的是保护固件和软件的完整性、支持软件认证和实现安全软件升级,而不是为车载网络通信安全提供基于硬件的支持。

6.2.3.2 软件安全

SDV 是一个高度复杂的系统，其可用性在很大程度上取决于其软件的质量。正如我们在本书中所看到的，SDV 的软件是许多专用功能的集合，每个功能都能解决特定的任务。这些功能中的每一个都是建立在其他软件之上的，而其依赖的软件又依赖于其他软件，依此类推。

目前我们将大量不同来源的独立软件组件集成为 SDV，这是不可避免的，但这也带来了安全风险。一个链路的强度取决于它最薄弱的一环，同样的原则也适用于安全问题：整个系统的安全性取决于它最脆弱的部分。然而，由于系统的高度复杂性，始终保持所有软件组件的安全并非易事。软件开发中的最佳实践有助于最小化自主开发软件的安全风险。这些工具包括防御性编程、对等代码评审、集成静态代码分析、数据流分析、代码复杂性分析等其他工具，这些工具是软件开发工作流程的组成部分。然而，在专有的第三方软件上强制执行这些工作任务可能会很困难。由于缺乏源代码或任何有关软件组件及其依赖项的详细信息，所以组件及其依赖项的安全修补程序只能由软件供应商提供，这是因为只有他们知道实施细节及任何需要升级的依赖项。

开发一款安全的 SDV 不仅仅需要在开发系统时考虑安全性，并且在整个汽车产品的生命周期中保持其安全性，还需要在设计阶段做出许多谨慎而全面的与安全相关的决策。与功能安全类似，永远不应该将网络安全看作是一个"附加组件"而将其推迟到后期开发阶段，因为在设计阶段早期做出的错误决策可能会在开发后期使项目推倒重来，代价非常高昂。在某些情况下，甚至可能有项目、产品的可用性或整体验收无法达到预期效果的风险。

在设计早期考虑软件安全的一个例子是硬件平台和操作系统的选择。常见的软件安全特性，如安全启动（secure boot）和安全调试（secure debug），需要支持这些功能的硬件。安全调试是一种在运行时安全地调试（即对错误进行定位）软件的方法。软件分区（software partition）是将软件部件或功能分成几个独立的实例以最小化干扰风险的通用技术。一种密切相关的安全方法被称为嵌入式虚拟化（embedded virtualization），它使用嵌入式系统管理程序在单个嵌入式系统上高效地运行多个独立的虚拟机。图 6.5 显示了一个嵌入式虚拟化用例，其中一个虚拟机实例的安全漏洞不会损害其他虚拟机实例的安全性。然而，为了充分使用嵌入式虚拟化，需要配备适当的硬件组合，例如至少具有内存保护单元（memory protection unit，MPU）的硬件和支持或充当安全高效的嵌入式管理程序的实时/嵌入式操作系统(real-time/embedded operating system, RTOS)。

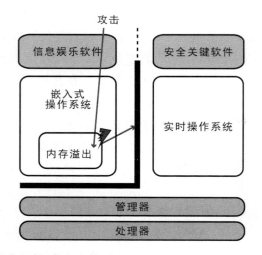

图 6.5　嵌入式虚拟化用例(参考文献:"The role of virtualization in embedded systems", by Gernot Heiser, 2008, doi: 10.1145/1435458.1435461, 04, p.11-16)

最后,但同样重要的是,SDV 软件的另一个关键安全领域是检测传感器攻击,并将此类攻击的影响降至最低。SDV 严重依赖于从其传感器获得的信息,因此有效地应对此类攻击可能会挽救生命。传感器攻击有多种形式。欺骗攻击(spoofing attack)涉及生成虚假的传感器信号,从而使目标传感器认为存在实际上不存在的东西。干扰攻击(jamming attack)的目的是使传感器的输入信号失真,从而不能准确地将真实信号和噪声区分开来。致盲攻击(blinding attack)的工作原理是将强光直接照射在摄像头上,削弱摄像头的可视性,甚至永久性地损坏传感器。还有一种攻击形式是捕获目标传感器发送的脉冲,并在不同时间重新发送(重放攻击,replay attack)或从不同位置重新发送(中继攻击,relay attack)。据文献[22]报道,已成功地对雷达、超声波传感器及摄像头进行了传感器攻击。文献[23]中讨论了对摄像头和雷达的一些可行和有效的攻击,并给出了建议的对策。众所周知,全球导航卫星系统接收器容易受到攻击,文献[24]概述了全球导航卫星系统受威胁的情景,并给出了对已知防御机制的评估。

6.2.3.3　车内网络通信安全

2015 年,《连线》(WIRED)杂志发表了一篇影响深远的文章,描述了两位安全专家米勒(Miller)和瓦拉塞克(Valasek)所进行的现场演示,他们成功地从远处接管了一辆正在行驶的汽车,并使驾驶员没有机会反击这次攻击[25]。同年晚些时候,这两位专家发表了一份文件,展示了他们远程攻击的技术细节。简而言之,攻击利用了车载信息娱乐系统中的一个安全漏洞,使它们能够触发与汽车 CAN 总线交互的微控制器的未经验证的固件升级。使用修改后的固件,假 CAN 信息可以被"注入"到汽车总线中来覆盖实际的汽车控制[26]。

这起事件,也被称为"吉普黑客攻击",显示出不安全的汽车可能造成多大的生命危险,以及汽车网络中 ECU 之间的安全通信是多么重要。毫无疑问,仅保护车内网络不足以防止此类攻击。其他漏洞,如未经验证的软件升级、不安全的 WiFi 密码生成机制、打开的诊断端口等也需要解决。话虽如此,我们将重点关注使用汽车开放系统架构(见 4.3.3 节)推荐的方法来保证车内网络通信的安全。

AUTOSAR 安全模型

AUTOSAR 中有两个模块负责确保整个汽车网络的通信安全。安全车载通信(secure onboard communication,SecOC)模块负责生成和验证在 ECU 之间通过车内通信网络传递的安全消息。AUTOSAR - SecOC 规范在设计时考虑到了"资源高效和实用的身份验证机制",因此系统能够以最小的开销从中获益[27]。加密服务管理器(crypto service manager,CSM)模块在运行时向所有模块(包括SecOC 模块)提供基本的加密服务,例如加密/解译、用消息认证码(message authentication code,MAC)生成/验证等[28]。根据所使用的平台,某些加密功能可能使用硬件实现(例如 HSM/SHE),或作为 AUTOSAR 基本软件栈的一部分使用软件实现。在这种情况下,CSM 为所有加密功能提供了一个抽象层,因此不管实现的细节如何,所有的 AUTOSAR 模块都可以使用相同的标准化应用程序接口。

SecOC 概述

在 AUTOSAR 堆栈中,SecOC 模块与基本软件层中的 AUTOSAR 有效载荷数据单元路由器(payload data unit router,PduR)模块位于同一级别(见图6.6)。有效载荷数据单元(payload data unit,PDU)是汽车网络上交换数据的通用术语。简而言之,PduR 模块根据静态配置的路由表,将通过各种汽车总线(例如 CAN、FlexRay、以太网等)传输的 PDU 分配给 AUTOSAR 模块,反之亦然。当安全PDU(即需要保护其通信的 PDU)传入时,由于并非所有的 PDU 都与安全相关,PduR 会传递需要由 SecOC 模块验证的消息,并且只有验证成功时,PDU 才会像往常一样被路由到更高的 AUTOSAR 模块。并且在每个安全 PDU 被发送到汽车总线之前,SecOC 模块会向 PDU 添加一些安全数据,用于对接收器数据进行认证。值得注意的是,在 AUTOSAR 通信栈中,整个安全机制是在相当低的级别上执行的,因此对用户应用程序即应用层上的软件组件(software component,SWC)是完全透明的。换言之,无须对用户应用程序进行任何修改即可利用车内安全网络通信。

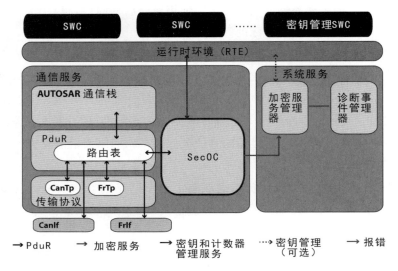

图 6.6　AUTOSAR 堆栈中的 SecOC 模块(参考文献:"Specification of Secure Onboard Communication AUTOSAR CP Release 4.3.1", by Automotive Open System Architecture(AUTOSAR), 2017, p.7)

为了防止欺骗和重放攻击,SecOC 规范建议使用消息认证码(MAC)和单调计数器(也称为新鲜度值,freshness value,FV)进行身份验证。在实践中,通常应用基于密码的 MAC(cipher - based MAC,CMAC),它基于高级加密标准(advanced encryption standard,AES),使用 NIST SP 800 - 38B 规范[29]中规定的 128 位密钥(AES - 128)。密钥对于每辆车都是唯一的,通常使用唯一的汽车识别号(vehicle identification number, VIN)与随机数组合生成。即使某一特定汽车的安全性受到了损害,那辆车特定的安全密钥使得很难将攻击拓展到其他汽车(包括同一型号的其他汽车)。

如图 6.7 所示,CMAC 计算的第一步是利用子密钥生成过程从对称密钥中导出子密钥。消息被划分为一系列大小相等的数据块,AES 对称加密按顺序应用于每个数据块,每个数据块与之前的 AES 结果进行异或(XOR)运算。MAC 是根据 MAC 长度参数截断最后一个加密结果得到的。MAC 和 FV 与实际数据有效载荷一起传输。实际上,这些值不是以完整长度传输的,而是被截断的。截断的 MAC

和 FV 的实际长度取决于所使用协议的可用数据长度(例如,CAN-FD 在一条消息中最多支持 64 个字节),这是安全性和效率之间的经典权衡。

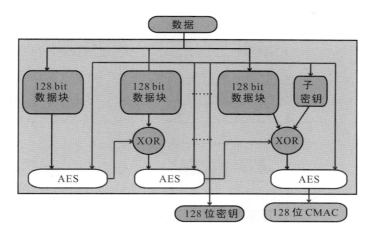

图 6.7　CMAC 算法(参考文献:"Survey and comparison of message authentication solutions on wireless sensor networks", by Marcos Simplicio, Bruno Oliveira, Cintia Margi, et al. 2013, doi:10.1016/j.adhoc.2012.08.011, 11, p.1221-1236)

　　为了进一步提高安全性,SecOC 规范建议使用 PDU 特定的密钥进行 MAC 计算。每个 PDU(可以是协议数据单元或总线数据)都分配了唯一的数据标识符。使用 Data-ID 和密钥,可以为该特定受保护的 PDU 的 CMAC 计算推导出单独的 AES 密钥。因此,即使汽车专用的密钥已被破解,攻击者仍然难以在没有明确知道 Data-ID 及为特定 PDU 推导出密钥的规则的情况下,发起成功的欺骗攻击。

　　如图 6.8 和图 6.9 所示,SecOC 验证机制通过将传入的安全 PDU 数据的 MAC 和 FV 与接收器自身计算/获得的值进行比较来工作。其中,图 6.8 中,数据有效载荷的 MAC 是使用 FV 的一部分(truncated freshness value,TFV)及 DATA-ID 和 PDU-ID 特有的密钥来计算的。之后,发送器将 TFV 和部分 MAC 值(Truncated MAC/TMAC)连同原始 PDU-ID 和数据有效载荷一起发送给接收器作为安全 PDU。图 6.9 中,接收器通过将安全的 PDU 的值与实际的 FV 进行比较来验证安全的 PDU 的 TFV。接收器基于 DATA-ID 和从 PDU-ID 派生的密钥执行相同的 MAC 计算,并将自己的计算结果与接收到的 TMAC 进行比较。只有当 TFV 和 TMAC 值都有效时,接收器才能信任安全的 PDU 中的数据有效载荷从而以"普通"数据的形式传输,即没有任何加密或任何修改。因为发送器和接收器都知道密钥,以及用来正确计算每个 PDU 的 MAC 所需要的其他参数,所以接收器能够进行相同的 MAC 解算,并将自己的解算结果与接收到的解算结果进行比较。接收器还需检查传入 FV 的有效性,以防止重放攻击。

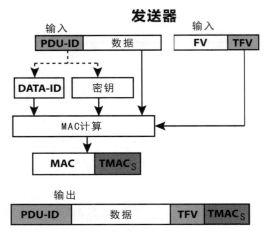

图 6.8　安全的 PDU 生成机制(参考文献:"Requirements on Secure Onboard Communication AUTOSAR CP Release 4.3.1",by Automotive Open System Architecture(AUTOSAR),2017,p. 30)

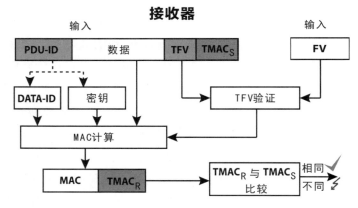

图 6.9　安全的 PDU 生成机制(参考文献:"Requirements on Secure Onboard Communication AUTOSAR CP Release 4.3.1",by Automotive Open System Architecture(AUTOSAR),2017,p. 30)

除了上述安全机制外,AUTOSAR 还提供了 SWC 直接与 SecOC 模块交互的方式,比如让 SWC 在某个验证状态下得到通知,或者临时或永久地覆盖 SecOC 的验证状态[30]。因此,应用程序有可能检测到潜在的入侵(例如,当失败的验证数量增加时),或者能够采取一些预防措施(例如,忽略某些可疑的 PDU)。

6.2.3.4 外部通信安全

到目前为止,我们已经讨论了汽车安全或嵌入式安全。嵌入式安全是必不可少的,但由于 SDV 功能越来越依赖于来自车外的信息或服务,从安全和隐私角度来看,安全的外部通信同样重要。SDV 可以与制造商或运营商的后端服务器进行外部通信,也可以与其他汽车、道路基础设施进行外部通信,这也被称为车与万物互联(vehicle-to-everything,V2X),我们将在本章后面讨论它。

SDV 和后端服务器之间的外部通信类似于传统 IT 界中的一般客户端与服务器之间的通信,因此,来自 IT 界的许多标准及经过验证的方法论或最佳实践同样可以应用于此,以保障安全和隐私。这也意味着安全和隐私在很大程度上取决于每个 SDV 制造商实施的安全机制的质量和有效性。与用于后端服务器通信的专有解决方案不同,V2X 通信基于符合标准的通信协议工作,因此,为了确保安全,在不损害互操作性的情况下,提出 V2X 通信的安全标准是必要的。

从历史上看,V2X 通信或一般的智能交通系统(intelligent transportation system,ITS)受到许多公共和私营机构同时关注,这促使产生了几个相互竞争的安全提案及由全球各标准化机构提出的标准化倡议,其中包括美国交通运输部开发的安全凭证管理系统(security credential management system,SCMS)[31]和欧洲电信标准协会(European telecommunications standards institute,ETSI)发布的一系列标准[32]。

尽管这些标准在体系结构和技术细节上存在差异,但 V2X 通信通常使用公钥基础设施(public key infrastructure,PKI)以便对所有通信伙伴的凭证进行验证,并且在多个 V2X 网络中维持使用者之间的信任关系。身份证明通常通过对通信伙伴的数字证书进行验证来完成。数字证书由被称为证书颁发机构(certificate authority,CA)的独立实体颁发。CA 的主要作用是充当可信的实体,它可以确认所颁发的数字证书的持有者的身份。CA 的另一个作用是维护证书吊销列表(certificate revocation list,CRL),其中列出了所有不应该信任的证书(尽管它们仍在有效期)。借助于公钥密码技术和单向哈希功能,可以在发起安全通信之前对另一个通信伙伴的数字证书进行认证。关于 PKI、公钥密码学和认证管理的详细解释超出了本书的范畴,感兴趣的读者可以参考专门针对这一主题的技术书籍,如文献[33]或[34]。

ISO/IEC 15408 安全标准定义了四个需要保护的隐私方面:匿名性(anonymity)、假名性(pseudonymity)、不可链接性(unlinkability)和不可观察性(unobservability),以此来确保隐私不被发现并防止身份被滥用[35]。匿名性意味着无法确定与系统交互或使用服务的用户的身份;假名性意味着用户仍然可以对系统交互或服务使用负责,但真正的用户身份仍然没有公开;不可链接性意味着其他实体无法确定多个系统交互或多次服务使用是否是由同一个用户引起的;最后,不可观察性是指在实体与系统进行交互,或者在使用系统服务时,其他实体不知道当前系统/服务正在被使用的性能。

为了保护 V2X 网络通信中的隐私,ETSI ITS 标准建议使用带有分离 CA 的 PKI(见图 6.10)进行身份验证和服务授权[36]。如上所述,注册管理机构(enrollment authority,EA)使用公共密钥密码和数字证书以便对通信参与者(用户)进行身份验证。在进行有效身份验证时,EA 以假名证书(pseudonymous certificate)的形式发布临时身份,也称之为注册凭据(enrollment credentials,EC)。为了使用 V2X 网络服务,用户需要通过发送 EC 向授权机构(authorization authority,AA)请求许可。成功验证 EC 后,AA 会为每个请求的服务颁发授权证书或授权票证(authorization ticket,AT)。EA 和 AA 凭证的凭据则由根权限(root authority,RA)提供,后者是权限层次结构中的最高 CA。所有相关的 CA(RA、EA 和 AA)监控已颁发的证书,并维护自己的 CRL。

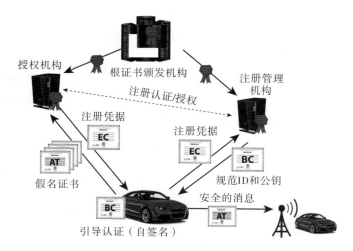

图 6.10　ETSI V2X PKI 架构(参考文献:"Intelligent Transport System(ITS); Security; Pre-standardization study on pseudonym change management", by European Telecommunications Standards Institute,2018,ETSI TR 103415 V1.1.1(2018-04),p.15. © 2018 ETSI)

6.2.4 挑战

Linux 操作系统的发明者林纳斯·托瓦兹(Linus Torvalds)曾经说过:"一个真正安全的计算平台永远不会存在",并认为最安全的系统甚至可能无法使用[37]。因此,设计一个安全的 SDV 总是需要在安全性和其他重要方面(如成本、性能和舒适性)之间找到一个合理的折中。网络安全犯罪分子总是试图发现和利用新的漏洞,而安全专家则试图在安全漏洞被利用的时候堵住漏洞。更多的连通性也意味着更多潜在的网络安全目标。因此,网络安全似乎是一场永无止境的"战斗"。

如本节开头所述,SDV 系统的高复杂性,加上对第三方黑匣子软件的依赖性,使得实现整个技术栈的端到端的安全性变得具有挑战性。因此,专业的安全测试,例如渗透测试(pen testing)和独立的安全审计/审查,应该是整体安全策略的一个组成部分。

然而,最大的挑战是有时缺乏防护和安全文化,这似乎困扰着全球许多科技公司。不仅是开发人员缺乏最佳安全实践的意识/执行力,而且还受到经济压力、激烈竞争和投资者压力的影响,这意味着可见或可证明的功能往往比不可见的防护和安全功能或基础架构工作更受重视。由于某些与安全和防护相关的决策不能简单地作为附加项进行更改或实施,因此这种方法可能导致产品的安全性较差,或导致整体开发与维护成本更高。

6.3 V2X

与后端服务器的通信有助于 SDV 在其(有限的)感知能力范围之外更可靠地工作。然而,这些后端服务器发送的全局信息可能并不总是足以在大规模部署中帮助单个 SDV,因此需要借助与局部相关的信息进行补充。此外,后端通信的专有性意味着信息通常只对来自同一制造商的汽车可用,这使得来自不同制造商的汽车之间的信息共享成为一项具有挑战性的任务,以上就是车与万物通信,即 V2X(vehicle to everything)。

V2X 是智能交通系统中汽车与其他参与者(移动或静止的)之间进行外部通信的总称。ETSI 区分了 V2X 通信网络的四种类型:车与车互联(vehicle to vehicle,V2V)、车与基础设施互联(vehicle to infrastructure,V2I)、车与网络互联(vehicle to network,V2N)和车与行人互联(vehicle to pedestrian,V2P)[38]。V2V

专注于相互靠近的汽车之间的信息交换;V2I 指的是汽车与智能道路基础设施(也称为路边单元,roadside unit,RSU)之间的直接通信;V2N 和汽车与互联网之间的通信有关;V2P 则涵盖了包括汽车、行人、骑行者等交通参与者在内的通信。

6.3.1　V2X 的重要性

V2X 的最终目标是通过帮助汽车和其他交通参与者避免事故来改善交通安全状况。可以对从 V2X 通信中获得的信息进行处理并作为警示显示给驾驶员,或者它们可以触发 SDV 的一些安全机制。V2X 使 SDV 能够感知超出其视线和内部信息的紧急状况,例如,车道方向的临时改变,或因施工或事故而关闭车道,或当感知能力暂时受限(例如由于突发性恶劣天气条件)时的情况。

V2X 的另一个重要目标是提高效率,特别是在交通和能源效率方面。借助于准确且与局部相关的 V2X 信息,可以通知汽车采取备用路线,或调整车速以改善整体交通流。智能汽车还可以利用动态信息优化其能耗或降低与驾驶相关的环境成本。

6.3.2　V2X 标准

充分利用 V2X 需要尽可能多的参与者积极参与,因此,需要标准化来确保来自不同制造商的设备(或工作站)之间的互操作性。讽刺的是,V2X 已经分为两个相互竞争的不兼容的标准:IEEE 802.11p 标准和最近的 3GPP 蜂窝 V2X(cellular vehicle to everything,C‑V2X)标准。IEEE 802.11p 标准是对流行的 IEEE 802.11 WiFi 系列标准的修订,该系列标准允许将 WiFi 用于汽车网络通信。图 6.11 和图 6.12 分别表示了 DSRC 协议栈和 ITS‑G5 协议栈。如图所示的美国专用短程通信(U.S. dedicated short range communication,DSRC)标准和欧洲 ETSI ITS‑G5 V2X 标准都使用 IEEE 802.11p 作为其协议栈中的物理(physical,PHY)层和介质访问控制(medium access control,MAC)层[39]。C‑V2X 标准由 5G 汽车协会(5G automotive association,5GAA)制定,该协会是一个由汽车、技术和电信行业的公司组成的联盟,成立于 2016 年。C‑V2X 标准使用蜂窝网络(LTE‑4G 和 5G)进行 V2X 通信。这意味着物理层与 IEEE 802.11p 完全不兼容,但是 C‑V2X 重用了 DSRC 和 ITS‑G5 标准中的高层协议和服务。

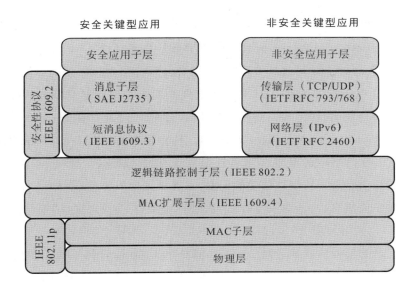

图 6.11 DSRC 协议栈（参考文献："Hybrid Adaptive Beaconing in Vehicular Ad Hoc Networks：A Survey"，by Safdar Bouk，Kim Gwanghyeon，Syed Hassan Ahmed，Dongkyun Kim，2015，doi：10.1155/2015/390360，International Journal of Distributed Sensor Networks，02，p.16）

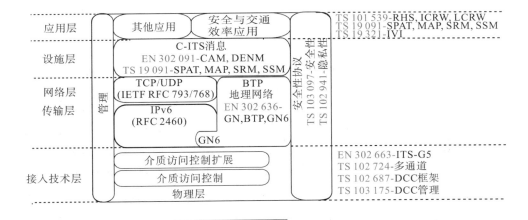

图 6.12 ITS-G5 协议栈（参考文献："Cooperative intelligent transport systems standards in Europe"，Andreas Festag，2014，doi：10.1109/MCOM.2014.6979970，IEEE Communications Magazine，52，p.166-172）

所有 V2X 标准对于安全关键型应用和非安全关键型应用都有不同的协议栈。非安全关键型应用通常将 TCP/UDP 和 IPv6 分别用于传输层和网络层协议。安全关键型应用的传输和网络协议因标准而异:DSRC 使用的是 IEEE 1609.3 短消息协议(WAVE short message protocol,WSMP)[40],而 ITS-G5 使用基本传输协议(basic transport protocol,BTP)[41] 和地理网络协议(GeoNetworking protocol)[42]。基于欧洲标准,V2I 参与者之间的安全关键信息交换为协作感知消息(cooperative awareness message,CAM)和分散环境通知消息(decentralized environment notification message,DENM)。协作感知消息在 1~10 Hz 之间定期发送,并向 V2X 网络中的其他参与者提供状态信息,如航向、速度、车道位置等。分散环境通知消息是一种事件驱动的消息,只要满足触发条件(例如检测到交通堵塞),就会触发该消息,并反复传输直到达成终止条件,例如交通堵塞结束。基于 DSRC 的 V2X 网络使用 SAE J2735 标准中定义的一组安全消息,例如用于表示交通信号灯状态的信号阶段和定时(signal phase and timing,SPaT)的消息及用于交流路况信息或其他相关的出行者信息的消息(traveler information message,TIM),主要涉及道路施工区或特定的建议速度路段[43]。

6.3.3 V2I 用例

V2I 涉及汽车与路侧装置(road side units,RSU)之间的通信。V2I 通信的一些用例如下。

6.3.3.1 道路施工警告

道路施工无疑为 SDV 创造出最困难的驾驶场景之一。道路施工之所以具有挑战性,是因为它需要对新的驾驶环境进行及时、准确的动态解读。换言之,内部信息或存储在汽车内存中的信息不能依赖于封闭车道、行驶车道几何结构和车道方向的变化、车道的边界标记不清晰(通常新旧标线仍然可见)、速度限制的改变、新交通标志、与人、其他汽车或道路边界的距离等因素。因此,提前警告 SDV 有关前方道路工况显然非常有用,这样使得 SDV 能够调整内部系统来适应新的道路条件,或通过计算规划出替代线路来完全避开正在施工的道路。道路施工警告示例如图 6.13 所示。

图 6.13　V2I 道路施工警告示例

6.3.3.2　道路危险和事故警告

道路危险是指路面上任何可能危及安全行车的东西,可以是道路碎片、动物、冰等。道路危险和事故的早期预警,例如借助分散环境通知信息,提醒汽车寻找替代路线,以防止潜在的和后续的事故,或减少持续的交通拥堵。如图 6.14 所示,发出警告也是 SDV 提高系统感知水平的一个有用的触发,因为并非所有的道路危险(例如,结冰)都能被传感器轻易察觉。

图 6.14　道路危险警告示例

6.3.3.3　交通信号灯阶段事件

收集有关交通信号灯的阶段和当前阶段的剩余时间的信息,将有助于提高行车安全性和效率。使用汽车传感器(如摄像头)进行红绿灯阶段识别的方法可能并不总是在所有交通状况或天气条件下都可靠,因此可以使用红绿灯阶段信息来补充汽车的感知。使用 SAE J2735 标准中定义的信号阶段、定时消息及地图信息,使得每个车道的交通信号灯的当前阶段、当前阶段的剩余时间及交叉路口的物理几何形状能够通过 V2I 网络进行交换。图 6.15 展示了交通信号灯阶段事件的应用示例。

图 6.15　交通信号灯阶段事件示例(© 2017 Continental AG)

6.3.4　V2V 用例

在下一节中,我们将介绍 V2V 用例的一些示例。

6.3.4.1　交叉路口的移动辅助警告

根据美国国家公路交通安全管理局的分析,2008 年在美国发生的交通事故中约 40% 与交叉路口有关[44]。此外,该报告还将"转弯时视线受阻"确定为交叉路口相关事故的主要原因。由于视线受限,以及一般的物理传感器限制,尚不清楚单独使用车载传感器的 SDV 能否改善统计数据,即降低交叉路口相关事故的发生率。交叉路口的移动辅助警告,如图 6.16 所示,通过向交叉路口周围的其他道路参与者提供详细的移动信息,有助于防止事故发生,从而使汽车的感知能力超出其视线范围。

图 6.16　交叉路口的行人警告示例(© 2017 Continental AG)

6.3.4.2　对逆行驾驶员的警告

逆行是指汽车在其所在车道上朝相反方向行驶的情况,例如与其他汽车相向而行。在高速公路上逆行特别危险,因为其他汽车都在高速行驶,所以制动距离会增加。此外,在高速公路上,采取避让行动的余地可能更小。如图 6.17 所示,及时向其他车辆发送逆行驾驶的警告,可使其他汽车有机会做出反应,从而有助于防止事故发生。

图 6.17　逆行警告示例

6.3.4.3 禁止超车警告

根据英国皇家事故预防协会(British Royal Society for the Prevention of Accidents,BRoSPA)发布的统计,超车被认为是风险最高的驾驶操作之一,非驾驶侧超车占2015年所有超车相关事故的一半以上[45]。超车涉及人脑中非常复杂的估计和决策过程,还包括在准备、执行和终止过程中协调一致的行动。如果驾驶员未能发现不安全的情况,如盲道转弯或超车车道上的慢速汽车,那么发出禁止超车警告(见图6.18)可以拯救生命。对于SDV,此类警告非常有用,因为它们有效地拓展了汽车自身传感器的范围。

图6.18 禁止超车警告示例

6.3.5 V2P用例

下面的示例展示如何使用V2P。

6.3.5.1 对弱势道路使用者的警告

一般来说,驾驶员倾向于认为行人能够看到和听到他们,因此会意识到他们的存在。然而,一些行人可能存在感知障碍或者暂时分心的情况,这会使得他们在过马路时更难注意到汽车,尤其是在十字路口或行人可能认为过马路是安全的斑马线处。弱势道路使用者(vulnerable road user,VRU)警告可用于提醒汽车,行动不便或感知受损的行人正在或即将穿过道路。对于SDV来说,这意味着它们不仅仅依赖于激光雷达和摄像头这样的设备来探测行人。

类似地,VRU 警告也可以用于提醒汽车附近有骑自行车的人。骑自行车的人比开汽车的人更容易受到伤害,因为他们在事故中几乎或根本没有人身的物理保护。而且,即使光线很好,骑自行车的人在晚上也很难被发现,因为他们往往靠近路边,并且融入到他们的背景中。使用 VRU 警告来提醒注意骑车的人的存在对 SDV 特别有用,因为它将增强 SDV 自身检测骑车的人的能力。

6.3.6 挑战

网络覆盖是 V2X 的主要挑战之一。通常,V2X 网络仅适用于部分地理区域,因为这些网络需要得到公共道路管理部门或市政当局的大量投资,以通过路侧单元(roadside unit,RSU)、智能传感器、通信主干网等升级现有道路基础设施,事实上全球大多数汽车不支持 V2X,因为这不是强制性的。2016 年底,美国国家公路交通安全管理局提出了一项要求,要求所有新型轻型汽车支持基于 DSRC 的 V2V 通信[46]。然而,这项任务的前景目前似乎还不明朗[47]。

另一大挑战是互操作性问题。历史上,V2X 标准是由全球不同的标准化机构并行开发的,尤其是在美国和欧洲。并行的标准化开发导致推出了一系列不同的标准,它们之间并不完全兼容,这与数字手机早期的情况类似(甚至现在美国使用的蜂窝频率与世界其他地区不同)。2009 年 11 月,欧盟委员会和美国交通运输部的代表签署了《关于合作系统研究合作的联合意向声明》,标志着美国和欧洲的智能交通系统标准开始协调发展[48]。然而,统一的标准可能不足以使整个 V2X 生态系统趋同,因为目前 V2X 标准不一的主要原因实际上是竞争制定 C - V2X 标准。

P. 194

6.4 后端系统

即使安装了最复杂的硬件和智能软件,SDV 对外部的感知仍然是有限的。这种限制可能是由传感器的最大工作范围、传感器堵塞、恶劣天气等情况造成的。因此,有时 SDV 可能需要获取一些超出其自身感知范围的外部信息,以便他们能够提前计划并及时做出更好的决策。因此,SDV 通常与运营商或制造商提供的一些后端服务一起运行。

6.4.1 后端系统的重要性

如上所述，之所以需要后端系统，最重要的原因之一是 SDV 的感知能力有限，并且系统可以帮助提供"视线范围"以外的其他信息，这些信息可能与当前或未来的驾驶情况有关。V2V 或 V2I 的通信也有助于实现这一点；但是，只有 SDV 位于其他支持 V2V 或 V2I 的基础设施的工作范围内，这些通信才可用。

另一个重要原因是 SDV 需要实时交通信息或实时地图更新。汽车中存储的某些内部信息可能不再准确，或者可能需要实时升级。例如，由于事故或施工造成的车道临时封闭或逆行。后端服务器需要整合不同来源的信息，并将相关信息传递给每辆 SDV。

根据可用的计算资源，一些繁重的或资源密集型的操作可能需要上传到后端系统，然后将计算结果发送回 SDV，这种处理方式在移动电话中很常见。通常，涉及此类处理方式的情况主要包括：一是需要进行大量数据处理的非安全关键计算；二是操作所使用的数据无法从 SDV 本地获取；三是可以在后端服务器更高效地执行功能。

后端系统对于车队管理任务也是必不可少的。以自主的公共交通工具为例，有道路施工时后端系统可能会自动重新安排路线，或者根据实时情况将某些班车引导到充电站。此外，在用车需求量大时，备用班车可能会被自动调度。SDV 运营商或制造商可能还需要通过后端系统执行远程诊断、实时监控汽车状态或触发软件远程（over-the-air, OTA）更新。

6.4.2 后端系统功能

让我们仔细看看前面提到的一些后端系统功能。

6.4.2.1 软件远程更新

传统更新汽车软件的方法是在修理厂使用针对汽车的专用工具进行更新的。软件远程更新（software over-the-air, SOTA）是一种使用公共通信网络（例如公共蜂窝 LTE 网络或专用/公用 WiFi 热点）远程执行汽车软件更新的方法。SOTA 是为消费型电子产品进行软件更新的既定方式，汽车制造商正在接受 SOTA 的理念，并积极支持 SOTA 作为一种替代软件更新的机制。

6.4.2.2 高清地图

正如我们在第 3 章所看到的，SDV 使用地图来定位自己。为了精确定位，

SDV 需要高清(high-definition, HD)地图,即具有非常高精度(通常只有 cm)的环境地图。然而,如图 6.19 所示,高清地图需要存储大量的数据。根据 SDV 计算平台的可用硬件资源和 SDV 运行区域的大小,可能无法将所有地图数据存储在汽车中。因此,SDV 可能会根据需要从后端请求调入新的或缺失的地图数据。后端服务器还可以更新内部地图或触发沿途相关事件的通知,例如由于道路施工、交通事故导致的车道封闭等情况。

图 6.19　高清地图示例(参考文献:"Simultaneous Localization and Map Change Update for the High Definition Map-Based Autonomous Driving Car", by Kichun Jo, Chansoo Kim, Myoungho Sunwoo, 2018, Sensors 2018, 18(9):3145. © 2018 Kichun Jo, Chansoo Kim, Myoungho Sunwoo. CC BY 4.0)

6.4.2.3　车队管理

在某些 SDV 用例中,例如在自主的公共交通工具或最后一公里配送系统中,多个 SDV 一起运行以提供服务。车队管理服务确保所有 SDV 都能平稳、安全和高效地运行。典型的车队管理服务包括对每个 SDV 的位置跟踪、服务调度、动态路线计算、系统健康监测和远程诊断,部分功能如图 6.20 所示。车队管理服务可由人工操作员在控制室中手动执行,或在后端服务器上使用车队管理软件自动执行,或两者兼而有之。

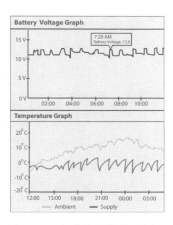

图 6.20　车队管理软件示例

6.4.3 挑战

虽然后端系统的目的是确保 SDV 平稳、安全、可靠地运行,但在将后端系统添加到整个 SDV 系统之前,仍有一些方面的问题需要考虑。一方面,网络安全问题涉及保护系统免受外部攻击和确保数据隐私。整个系统的安全性取决于制造商或运营商与外部通信的安全性。另一个方面的问题是所使用的通信网络的服务质量(quality-of-service,QoS),例如,延迟、吞吐量和丢包率。根据 SDV 与后端服务器之间数据交换的关键程度,使用专用无线网络可能比公共蜂窝网络更好,但是这意味着更高的安装和维护成本。

SDV 和后端系统之间的通信协议的特性使制造商可以完全控制可交换的数据类型和频率。尽管从隐私的角度来看,这听起来是有利的(因为未与其他方共享数据),但它的确限制了访问其他道路参与者提供的可能有用的信号。另一个挑战与单个后端服务器的覆盖范围有关。由于数据量巨大,HD 地图可能仅在部分地区可用。因此,如果某一新区域的 HD 地图已经过时或对 SDV 不可用,则 SDV 将面临难以定位的问题。

6.5 小结

本章介绍了设计 SDV 时必须考虑的一些外部因素,其中最主要的是与安全和防护相关的问题。我们还研究了外部数据对 SDV 的重要性,包括来自车队管理系统和 V2X 网络的数据。

正如我们所见,功能安全对于所有汽车制造商来说都是至关重要的方面,特别对 SDV 制造商来说尤为重要。功能安全标准(如 ISO 26262)的目的是降低一个或多个系统或组件故障可能造成伤害的风险。在汽车行业,这些风险根据汽车安全完整性等级(automotive safety integrity level,ASIL)进行分类,其中 ASIL D 对应了最严重的事件等级。从设计过程的开始到汽车的报废和拆卸,功能安全是一个贯穿汽车整个生命周期的连续过程。在设计阶段识别出的每个风险都必须使用适当的方法(或方法组合)来降低风险水平。

另一个重要的技术方面是网络安全,即保护计算机和网络系统免受外部攻击。如前所述,即使不是永久连接到外部网络的汽车也可能被黑客入侵(例如通过注入固件升级来打开 CAN 总线,并能够将虚假消息传递给汽车)。当 SDV 存在永久或常规的外部连接（例如 V2X）时，受到攻击的风险会更高。因此，人们在汽车的网络安全标准方面投入了大量工作，因此促成了 ISO/SAE 21434 的发布。我们研究了一些降低网络安全攻击风险的方法，包括使用 HSM 和安全网络通信。我们看到了对于不同级别的 EVITA HSM 的详细描述，并展示了 HSM 如何用于保障汽车传感器和其他模块之间的通信安全。我们还研究了 AUTOSAR SecOC，这是 AUTOSAR 推荐的提供安全的车载网络通信的方法。在本节的最后，我们讨论了如何使用基于 PKI 的系统，根据证书和信任情况，来为汽车与外部世界之间提供适当安全级别的通信支持。

接下来，我们详细介绍了 V2X 网络的不同形式。我们看到了如何使用这些网络来更好地为驾驶员和 SDV 提供信息的例子，并研究了使它们难以实现大规模安装的挑战。V2X 的关键形式之一是 V2I，它可以实现很多有用的功能，包括道路施工警告、道路危险和事故警告及交通信号灯阶段信息。V2V 警告可用于提醒其他汽车不要超车，或警告存在逆向行驶的汽车。V2P 则主要针对道路上和即将横穿道路的行人及骑自行车的人，向汽车发出提示告警信息。行人和骑自行车的人是最易受伤害的道路使用者，因此任何有助于保护他们的做法都是至关重要的。

在本章的最后，我们讨论了如何使用后端系统来辅助 SDV。实时地图更新既可用于确保 SDV 了解道路布局的任何更改（无论是临时的还是永久的），也可提供厘米级精度的动态高清地图来实现高精度定位。车队管理系统使大型车队的运营商能够执行动态调度、汽车跟踪等任务，甚至可以检测车队的机械健康状况。最后，SOTA 使制造商和运营商能够远程更新汽车软件。对于 SDV 来说，运行最新的软件可能是至关重要的，特别是考虑到软件开发的速度，以及可能带来的性能改进。

在下一章中，我们将讨论一些推荐的 SDV 用例，并探讨可加快 SDV 开发的替代方法，例如深度学习方法。

参考文献

[1] ISO 26262：Road vehicles – functional safety. *International standard ISO/FDIS*，26262，2011.

[2] BMJV. Gesetzüber die haftung für fehlerhafte produkte（produk thaftungsgesetz – prodhaftg）. https://www.gesetze – im – internet.de/prodhaftg/ProdHaftG.pdf.

[accessed 20-May-2018].

[3] Stephen S. Wu. *Product Liability Issues in the U. S. and Associated Risk Management*, pages 575-592. Springer Berlin Heidelberg, Berlin, Heidelberg, 2015.

[4] Martin Schmidt, Marcus Rau, Ekkehard Helmig, and Bernhard Bauer. Functional safety-dealing with independency, legal frame-work conditions and liability issues. *Official Journal of the European Union dated*, 50(200/1), 2009.

[5] IEC. Functional safety and iec 61508. https://www.iec.ch/functionalsafety/. [accessed 20-May-2018].

[6] ISO. Road vehicles-functional safety-part 9: Automotive safety integrity level (ASIL)-oriented and safety-oriented analyses. https://www.iso.org/standard/51365.html. [accessed 20-May-2018].

[7] Bernd Spanfelner, Detlev Richter, Susanne Ebel, Ulf Wilhelm, Wolfgang Branz, and Carsten Patz. Challenges in applying the ISO 26262 for driver assistance systems. *Tagung Fahrerassistenz, München*, 15(16):2012.

[8] Ulf Wilhelm, Susanne Ebel, and Alexander Weitzel. Funktionale sicherheit und iso 26262. In *Handbuch Fahrerassistenzsysteme*, pages 85-103. Springer, 2015.

[9] SAE. Cybersecurity guidebook for cyber-physical vehicle systems. http://standards.sae.org/j3061_201601. [accessed 20-May-2018].

[10] Matthias Klauda, Stefan Kriso, Reinhold Hamann, and Michael Schaffert. Automotive safety and security aus sicht eines zulieferers, page 13, 2012.

[11] Deborah Russell, Debby Russell, GT Gangemi, Sr Gangemi, and GT Gangemi Sr. *Computer security basics*. O'Reilly Media, Inc., 1991.

[12] Tim Leinmüller, Levente Buttyan, Jean-Pierre Hubaux, Frank Kargl, Rainer Kroh, Panagiotis Papadimitratos, Maxim Raya, and Elmar Schoch. Sevecom-secure vehicle communication. In *IST Mobile and Wireless Communication Summit*, number LCA-POSTER-2008-005, 2006.

[13] Olaf Henniger, Alastair Ruddle, Herve Seudie, Benjamin Weyl, Marko wolf, and Thomas Wollinger. Securing vehicular on-board IT systems: The EVITA project. In *VDI/VW Automotive Security conference*, 2009.

[14] ISO. Iso/sae cd 21434. road vehicles-cybersecurity engineering. https://www.iso.org/standard/70918.html. [accessed 20-May-2018].

[15] Georg Macher, Harald Sporer, Reinhard Berlach, Eric Armengaud, and Christian

Kreiner. Sahara: a security-aware hazard and risk analysis method. In *Proceedings of the 2015 Design, Automation & Test in Europe Conference & Exhibition*, pages 621–624. EDA Consortium, 2015.

[16] Loren Kohnfelder and Praerit Garg. The threats to our products. *Microsoft Interface, Microsoft Corporation*, 1999.

[17] Marko Wolf and Timo Gendrullis. Design implementation and evaluation of a vehicular hardware security module. In *International Conference on Information Security and Cryptology*, pages 302–318. Springer, 2011.

[18] Tim Guneysu and Christof Paar. Ultra high performance ECC over NIST primes on commercial FPGAS. In *International Workshop on Cryptographic Hardware and Embedded Systems*, pages 62–78. Springer, 2008.

[19] Norbert Pramstaller, Christian Rechberger, and Vincent Rijmen. A compact FPGA implementation of the hash function whirlpool. In *Proceedings of the 2006 ACM/SIGDA 14th international symposium on Field programmable gate arrays*, pages 159–166. ACM, 2006.

[20] Christian Schleiffer, Marko Wolf, Andre Weimerskirch, and Lars Wolleschensky. Secure key management-a key feature for modern vehicle electronics. Technical report, SAE Technical Paper, 2013.

[21] Trusted Computing Group. Tcg tpm 2.0 automotive thin profile for tpm family 2.0; level 0. https://trustedcomputinggroup.org/resource/tcg-tpm-2-0-library-profile-for-automotive-thin/. [accessed 20-May-2018].

[22] Chen Yan, Wenyuan Xu, and Jianhao Liu. Can you trust autonomous vehicles: Contactless attacks against sensors of self-driving vehicle. DEF CON, 24, 2016.

[23] Jonathan Petit, Bas Stottelaar, Michael Feiri, and Frank Kargl. Remote attacks on automated vehicles sensors: Experiments on camera and lidar. *Black Hat Europe*, 11:2015.

[24] Desmond Schmidt, Kenneth Radke, Seyit Camtepe, Ernest Foo, and Michaf Ren. A survey and analysis of the GNSS spoofing threat and countermeasures. *ACM Computing Surveys(CSUR)*, 48(4):64, 2016.

[25] Andy Greenberg. Hackers remotely kill a jeep on the highway-with me in it. *Wired*, 7:21, 2015.

[26] Charlie Miller and Chris Valasek. Remote exploitation of an unaltered passenger

vehicle. *Black Hat USA*, 2015:91, 2015.

[27] AUTOSAR. Requirements on secure onboard communication. https://www.autosar.org/fileadmin/user_upload/standards/classic/4-3/AUTOSAR_SWS_SecureOn-board Communication.pdf. [accessed 20-May-2018].

[28] AUTOSAR. Specification of crypto service manager. https://www.autosar.org/file-admin/user_upload/standards/classic/4-3/AUTOSAR_SWS_CryptoServiceManager.pdf. [accessed 20-May-2018].

[29] Morris J Dworkin. Recommendation for block cipher modes of operation: The CMAC mode for authentication. Technical report, 2016.

[30] AUTOSAR. Specification of secure onboard communication. https://www.autosar.org/fileadmin/user_upload/standards/classic/4-3/AUTOSAR_SWS_SecureOn-board Communication.pdf. [accessed 20-May-2018].

[31] William Whyte, Andre Weimerskirch, Virendra Kumar, and Thorsten Hehn. A security credential management system for V2V communications. In *VNC*, pages 1-8, 2013.

[32] ETSI. Automotive intelligent transport systems. https://www.etsi.org/technologies-clusters/technologies/automotive-intelligent-transport. [accessed 20-May-2018].

[33] Carlisle Adams and Steve Lloyd. *Understanding PKI: concepts, standards, and deployment considerations*. Addison-Wesley Professional, 2003.

[34] Johannes A Buchmann, Evangelos Karatsiolis, and Alexander Wiesmaier. *Introduction to public key infrastructures*. Springer Science & Business Media, 2013.

[35] ISO. ISO-international organization for standardization information technology-security techniques-evaluation criteria for it security-part2: Security functional requirements. https://www.iso.org/standard/40613.html. [accessed 20-May-2018].

[36] ETSI. Etsi-ts 102 941. Intelligent transport systems(ITS); security; trust and privacy management. https://www.etsi.org/deliver/etsi_ts/102900_102999/10294-1/01.02.01_60/ts_102941v010201p.pdf. [accessed 20-May-2018].

[37] Andy Meek. Linux creator explains why a truly secure computing platform will never exist. https://bgr.com/2015/09/25/linus-torvalds-quotes-interview-linux-security/. [accessed 20-May-2018].

[38] ETSI. Etsi-ts 122 185. Requirements for V2X services. https://www.etsi.org/deliver/etsi_ts/122100_122199/122185/14.03.00_60/ts_122185V140300p.pdf.

[accessed 20 – May – 2018].

[39] Khadige Abboud, Hassan Aboubakr Omar, and Weihua Zhuang. Interworking of DSRC and cellular network technologies for V2X communications: A survey. *IEEE transactions on vehicular technology*, 65(12):9457 – 9470, 2016.

[40] IEEE. IEEE standard for wireless access in vehicular environments(wave)– networking services. *IEEE 1609 Working Group and others*, pages 1609 – 3, 2016.

[41] ETSI. TS 102 636 – 5 – 1 v1.2. Intelligent transport systems(ITS); vehicular communications; geonetworking; part 5: Transport protocols; sub – part 1: Basic transport protocol.

[42] ETSI. Ts 102 636 – 4 – 1 v1.2. Intelligent transport systems(ITS); vehicular communications; geonetworking; part 4: Geographical addressing and forwarding for point – to –point and point – to – multipoint communications; sub – part 1: Media – independent functionality.

[43] SAE. J2735: Dedicated short range communications(dsrc)message set dictionary. https://www.etsi.org/deliver/etsi_en/302600302699/3026360401/01.02.00_20/en_3026360401v010200a.pdf. [accessed 20 – May – 2018].

[44] Eun – Ha Choi. Crash factors in intersection – related crashes: An onscene perspective. Technical report, 2010.

[45] ROSPA. Road safety factsheet – overtaking. http://www.rospa.com/rospaweb/docs/advice – services/road – safety/drivers/overtaking.pdf. [accessed 20 – May – 2018].

[46] NHTSA. Federal motor vehicle safety standards; V2V communications. Federal Register, 82(8):3854 – 4019, 2017.

[47] Joan Lowy. Apnewsbreak: Gov't won't pursue talking car mandate. https://apnews.com/9a605019eeba4ad2934741091105de42. [accessed 20 – May – 2018].

[48] US – DOT. Program TITSs development activities. ITS standards program, development activities, international harmonization. https://www.standards.its.dot.gov/Development Activities/Intl Harmonization. [accessed 20 – May – 2018].

第 7 章
应用与展望

现在我们已经了解了 SDV 的所有关键组件,知道了它们是如何构建的,并讨论了一些其他相关方面的技术。取得的巨大技术进步,如太空计划,以及正在进行的研究,已将人类带入太空,并为我们提供了诸如全球导航卫星系统、卫星通信和更准确的天气预报之类的信息。它们也促进我们开发出日常生活中使用的许多实用产品,例如记忆泡沫和太阳能电池[1]。同样,对 SDV 技术的研发不仅最终将为我们带来具有所有预期优点的全自动驾驶汽车,而在实现这一目标的漫长旅程中也将产生一系列令人振奋的创新。

我们目前正处在一个非常激动人心的时代,可能会见证个人出行领域最具颠覆性的创新之一在不久实现。然而,尽管 SDV 技术在近年来发展迅速,我们仍需要面对许多挑战。随着越来越多的传统汽车行业以外的公司参与到 SDV 开发的全球竞争中,SDV 技术的格局变得越来越多样化,许多专业公司试图解决 SDV 技术栈中的具体问题。从而所有这些公司的不同背景和优势造就了各种旨在实现 SDV 的理念和战略。

下面,我们将看到一些目前 SDV 技术应用的例子,更仔细地研究两个新趋势:一个与发展战略有关,另一个与人工智能特别是深度学习的介入有关。

7.1 SDV 技术的应用

在以下几节,我们将介绍 SDV 技术在运输和非运输示例中的一些预期的应用。

7.1.1 运输用例

显然,运输是受 SDV 技术影响最大的领域。最近媒体的大量关注及在该领域的研发(research and development,R&D)投资催生了该领域的许多初创公司。它还将许多其他非传统汽车行业的公司(如 IT 和技术公司)带入到不断发展的 SDV 生态系统,在这里它们与传统汽车生态系统中的老牌公司竞争或合作。通过查看这些公司的工作情况,我们可以更好地评估该技术的潜力。

7.1.1.1 个人用车

如今,几乎所有关于未来个人移动工具的研究或出版物都至少有一部分是关于个人自动驾驶汽车的内容。个人用车或共享乘用车(也称为自动驾驶出租车)无疑是一项颠覆性的技术,它重塑了我们对汽车的看法:不仅要考虑驾驶此类汽车时的行为,而且还涉及诸如保险业务模型、责任等多种相关问题。

尽管大多数汽车制造商一直在追求使自动驾驶成为其高级驾驶员辅助系统(advanced driver assistance system,ADAS)计划的一部分,但来自传统汽车行业之外的新参与者竞争日益激烈,引发了制造自动驾驶汽车的竞赛。新的竞争对手包括 IT 巨头,如 Waymo(谷歌母公司 Alphabet 公司的一部分)和百度,以及其他科技公司,例如来福车(Lyft)和优步(Uber)。他们在软件和其他关键技术支持领域(例如 AI 和快速消费类产品开发)的核心竞争力可能会为他们带来竞争优势,从而与那些来自机械/汽车工程传统方向、软件背景相对有限的老牌公司竞争。图 7.1 描述了此类个人自动驾驶汽车的示例。

图 7.1 个人自动驾驶汽车(© Dllu)

7.1.1.2 公共交通工具

无人驾驶的公共汽车被看好是在不久的将来很有可能达到最高的自动化水平（4级或5级）的SDV示例。这些自动驾驶班车通常运行在私人或公共道路上，在一个有限且受控的空间内运行。他们还定义了路线，比如在火车站到机场航站楼之间运行，或者在大型校园中的建筑物之间运行，又或者在大型主题公园中从一个景点到另一个景点运行。与在公共道路上使用的个人用车相比，由于公共汽车的复杂性大大降低，因此更容易实现更高水平的自动化。又因为公共汽车的工作区域范围有限，所以整个环境可以非常精确地绘制出来，以便于进行精确定位。此外，这些SDV通常沿着预先确定的路线缓慢行驶，然后在不确定的情况下常常会停下来并等待情况好转。图7.2展示了这种无人驾驶的公共汽车的例子。

图7.2　无人驾驶的公共汽车（© Richard Huber）

无人驾驶的公交系统通常由运营商端的后端系统支持，用于车队管理、服务调度、健康监测等。后端系统可由人工操作员手动或半手动控制，或完全自动化，而人工操作员只作为后备人员。后端系统还可以协调除无人驾驶功能以外的辅助组件，例如显示车内乘客信息、在站点响应服务请求、控制售票系统等。

7.1.1.3 "最后一公里"配送

从货源到用户的交付是一个漫长而复杂的物流链。"最后一公里"配送是指这一链条的最后一部分,即货物从当地的配送中心到最终目的地的个人消费者的运输过程。根据麦肯锡 2016 年的一份报告,"最后一公里"的配送费用占包裹总配送成本的 50% 或更多[2]。有几个原因说明了为什么"最后一公里"配送是物流和供应链中效率最低的环节:城市地区交通堵塞、停车位不足、前往偏远地区的时间较长及由于收件人不在而多次尝试送货,在此仅举几例。因此,许多物流公司正在采用 SDV 技术,这有可能使"最后一公里"配送更高效、更便宜。

无人驾驶汽车和无人机是 SDV 技术应用的两个主要示例,它们可以缓解"最后一公里"的配送问题。如图 7.3 所示,无人驾驶送货机器人从配送中心装载包裹,并自动导航到达客户地址。尽管 3D 空中位姿的自主导航相对于 2D 地面空间提出了不同的挑战,但他们使用的基本技术是相同的,例如感知和导航技术。

图 7.3 配送机器人(© User:Ohpuu/Wikimedia Commons/CC - Zero)

7.1.1.4 公路货运

除了"最后一公里"配送以外,SDV 技术还具有提高运输行业另一领域(长途货物运输的道路货运领域)的安全性和效率的潜力。根据 2018 年出版的《欧盟运输统计手册》(the EU transport statistical pocketbook),绝大多数货物通过公路运输[3]。然而,欧洲及美国的公路货运运营商面临着卡车司机日益短缺的问题,这使得自动驾驶卡车成为公路货运行业的一个有前景的解决方案[4],如图 7.4 所示。尽管如此,根据同一份报告中的预测,即使采用自动驾驶卡车,欧洲的驾驶员短缺仍将持续。

图 7.4　自动驾驶卡车的驾驶舱(© 2018 Freight‑Match)

卡车队列(truck platooning)是一种将两个或两个以上卡车组成车队的方法,是公路货运中的一种流行的自动驾驶应用。前面的汽车负责引导行驶,其他汽车自动跟随,彼此保持安全距离。卡车队列除了能够提供更高的燃油效率和安全性外,还被认为能够改善交通流和道路使用情况[5]。

7.1.2 非运输用例

在本节中,我们将介绍在运输领域以外 SDV 技术作为创新的关键推动力的示例。

7.1.2.1 无人驾驶拖拉机

农民是人类最古老的职业之一,传统上是劳动密集型的职业。由于现代社会劳动力结构的变化,许多农民,特别是在发达国家的农民,发现很难在收获季节雇用到足够的劳动力,因为人们倾向于选择其他行业的高薪工作[6]。因此,农业正逐步转向现代化农业,采用高科技工具和自动机械来弥补劳动力短缺,并提高了生产效率,如图 7.5 所示。

图 7.5　两辆具有洒水功能的自动拖拉机(© ASIrobots)

无人驾驶拖拉机不仅配备了农业专用传感器,如地面湿度传感器,还配备了一系列其他传感器,如全球导航卫星系统、雷达或摄像头。在这些传感器的帮助下,拖拉机可以执行基本的 SDV 任务,比如用于避免碰撞的目标检测或用于导航的定位。

7.1.2.2　应急响应机器人

2011 年 3 月 11 日,20 世纪以来最强烈的地震之一袭击了日本太平洋沿岸,并引发了毁灭性的海啸,这造成了巨大的破坏和损失。这场灾难还引发了一系列严重的意外事故,其中影响最大的是福岛核电站事故。由于该核电站释放出大量的放射性物质,这些次生事件使人类和环境处于极大的危险之中。应急响应机器人的设计目的是帮助人们到达人类无法到达或不安全的灾区。这些机器人需要在通信基础设施有限或不存在的情况下应对未知的恶劣环境。然而,福岛事故的严重性,特别是高水平的辐射,甚至使当时最先进的机器人也达到了其能力极限[7]。

2011 年的福岛事故促使机器人界加速这一领域的开发。欧洲机器人联盟应急机器人大赛是一项在欧洲开展的集地面、水下和飞行应急响应于一体的机器人竞赛项目,其前身为在意大利举办的 euRathlon 海陆空机器人大赛,该赛事受到福岛事故启发，设置了逼真的核事故模拟场景[8]。同样受到福岛事故的警示，美国国防高级研究计划局（US Defense Advanced Research Projects Agency，DARPA）发起了 DARPA 机器人挑战赛（DARPA Robotics Challenge，DRC），旨在设计能够在紧急情况下执行人类任务的机器人，例如驾驶汽车、穿过废墟和爬楼梯[9]。图 7.6 展示了参加 DRC 2015 项目的一个机器人正在以 360°转动阀门。

图 7.6　正在以 360°转动阀门的应急响应机器人（© Office of Naval Research from Arlington USA）

7.1.2.3　安防机器人

SDV 技术的另一个应用是安防机器人。安防机器人的设计目的是通过对大面积区域进行更有效、更可靠地常规监视来完成安防工作，而不受天气条件的影响。此外，可以部署安防机器人来监视危险区域或不太容易接近的区域，也可以为不能安装摄像头的区域提供替代的安全解决方案。图 7.7 显示了一个商用室内安防机器人的例子。

安防机器人最重要的功能之一是可靠的异常检测。如果出现异常情况，安防机器人会提醒警卫或操作员采取进一步行动。因此，过多的误报（false positive，即虚假警报）和漏报（false negative，即未检测到的异常）将大大降低此类机器人的实用性。

图 7.7　安防机器人（经 Robot Robots 公司许可转载,© 2016 RRC Robotics）

7.2　SDV 的发展战略趋势

根据 Beiker 的文献[10]，SDV 开发者主要采用三种发展战略：演化型、革命型和转化型方法。图 7.8 展示了 SDV 技术生态中的一些关键市场参与者。一个特定的 SDV 市场参与者采用哪种开发策略取决于几个因素，例如，其关键核心能力、主要动机和主要用途。在本节中，我们将逐一研究这三种方法以及它们背后需要进行的工作，以更好地了解 SDV 技术是如何发展的。

图 7.8　SDV 技术前景（© 2019 VSI Labs）

7.2.1　演化型发展战略

演化型发展战略的支持者通常是汽车行业的主要参与者（原始设备制造商和供应商），他们认为只有通过逐步改进现有的高级驾驶员辅助系统（advanced driver assistance system，ADAS），才能实现完全自动驾驶。

年复一年，汽车行业的老牌公司试图通过推出各种创新来保持竞争优势并吸引新客户，这些创新的范围从消费型电子产品无缝集成到 ADAS 的新功能。新的 ADAS 创新建立在现有 ADAS 功能的基础之上，具有越来越高的自动化水平。因此，完全自动驾驶是这一进化过程的逻辑终点。

由于汽车行业的核心业务是销售汽车，因此 SDV 需要在尽可能多的市场/区域中作为一种产品正常运作（从而可以销售）。此外，考虑到批量生产和规模经济因素，若 SDV 在全球范围内的工作所需的定制量越少，则可以节省的成本就越多。因此，与其他策略相比，根据此策略开发的 SDV 项目可能会以相对较低的自动化程度启动，但它们旨在应对更大、更多样化的地理环境。

7.2.2　革命型发展战略

革命型发展战略的支持者认为，演化型的方法很可能需要较长时间来实现完全的自动化。革命型发展战略的立场是，只有通过突破性的飞跃才能实现完全的自动化,这与传统的汽车行业如何开发汽车完全不同。采取这一战略的公司通常是来自传统汽车行业之外的 IT 公司或相关技术类公司,例如 Waymo。因此,渐进式方法没有太大意义,这会使他们落后于竞争对手几年。

采用革命型发展战略的公司其背后有一些共同的特点。首先,这些公司在短开发周期内构建基于软件或数据驱动的产品方面拥有强大的专业知识;其次,他们在人工智能技术层面上有丰富的经验。因此,革命型发展战略的支持者基于他们在这些领域的专业知识来制造 SDV。换言之,SDV 主要被视为部署在轮子上的由软件、数据和 AI 驱动的产品。

这一理念与汽车工业的普遍做法截然不同,后者强调制造安全、高效和舒适的汽车,并使其越来越智能(自动化)。这一革命型战略还导致生成了一种非传统的、更积极主动的方式来实现完全的自动化,例如以汽车中不再配备方向盘的方式来重新定义 SDV 的整个概念。

尽管目前还不清楚这些 IT 公司或相关技术类公司的真正意图或商业模式是什么,但它们不太可能通过出售 SDV 来扩大现有业务。更可能的情况是,它们通过提供与 SDV 相关的在线产品和服务来创建新业务以降低制造成本,或成为汽车行业的技术供应商。由于其不同的商业模式,SDV 可能被设计为仅在某些局部区域运行,以降低系统复杂性和开发/测试工作的难度。由于此类 SDV 很可能以小批量生产,因此对局部区域的定制需求相对不敏感。

7.2.3 转化型发展战略

转化型发展战略的目标是在有限的范围内实现完全自动化。起初,SDV 只能应对简单的场景(例如将操作限制在一个小区域内且低速行驶),可以在相对较短的时间内直接以高自动化水平(4 级或以上)运行。随着 SDV 的发展,可以逐步引入对更复杂场景的支持,例如支持更大的工作区域、更快的速度、混合交通等。

转化型发展战略通常是高科技初创公司所追求的,它们专门为特定的应用场景提供 SDV 解决方案,例如,服务于无人驾驶公交车,或者开展"最后一公里"配送运输。倾向于演化型和革命型发展战略的公司开发的 SDV 产品主要是针对外行的,而倾向于转化型发展战略的公司开发的 SDV 产品则需要训练有素或技术娴熟的人员来进行操作和监控。

由于每一次本地部署都需要高水平的定制,因此这些初创公司很可能将自己定位为服务运营商(如当地公共交通管理局、物流公司、游乐园等)的技术供应商。

表 7.1 总结了 3 种 SDV 发展战略之间的一些关键差异。

哪种策略最终能够更快地实现 5 级 SDV？只有时间会告诉我们答案。

表 7.1　SDV 发展战略浅析

种类	主要参与者	操作者	工作范围
演化型	汽车公司	非专业人员	无限制
革命型	非汽车技术公司	训练有素的人员/非专业人员	较大一块区域
转化型	高科技初创公司	训练有素的人员	较小一块区域

参考文献："Deployment Scenarios for Vehicles with Higher-Order Automation", by Sven Beiker, 2016, Springer Berlin Heidelberg, Berlin, Heidelberg, p. 193-211.

7.3　SDV 的深度学习趋势

深度学习无疑是近年来最热门的技术词汇之一。这项突破性的技术推动了现代多种应用的重大改进，包括人脸识别[11]、语音合成[12]，甚至是脑肿瘤分割[13]。在 SDV 开发领域，全世界的研究人员和工程师都在使用这项技术，将 SDV 的能力特别是感知能力提升到一个新的水平。一个有趣的领域是特征学习，它无须人类事先手动定义特征就能完成目标分类。换句话说，计算机可以自己学习这些特征。正如我们在第 3 章中看到的，特征工程的质量决定了目标检测的性能。然而，特征工程在很大程度上是一个手动过程，需要深入了解该领域的专业知识。近年来，深度学习应用取得了令人瞩目的成功，特别是在图像识别领域，这使得深度学习成为一项有前景的技术，有望将 SDV 的能力扩展到目前通过传统方法无法实现的范围。尽管深度学习有可能成为 SDV 的一项关键技术，但它的部署也带来了一些挑战，我们将在本节中讨论这些挑战。

在人工智能的一般情景下，深度学习是一种利用具有大量隐藏层的人工神经网络（artificial neural network，ANN）的机器学习（machine learning，ML）方法，因此也被称为深度神经网络。人工智能是计算机科学的一个子领域，致力于研究使计算机以智能的方式执行任务，通常是通过模仿人类的行为和思维过程实现的[14]。开发这类人工智能系统的一种方法是使用机器学习算法，使计算机能够通过学习来实现其目标，即不需要显式编程。这与"手动"或基于规则的系统工程方法（计算机的行为基于人类专家提出的定义和编码的规则）形成了鲜明的对比。人工智能、机器学习、神经网络、深度学习之间的关系如图 7.9 所示。

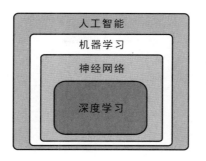

图 7.9　人工智能、机器学习、神经网络、深度学习之间的关系（参考文献："Efficient Processing of Deep Neural Networks：A Tutorial and Survey"，by Vivienne Sze，Yu－Hsin Chen，Tien－Ju Yang，Joel Emer，2017，CoRR，abs/1703.09039。© 2017 Vivienne Sze，Yu－Hsin Chen，Tien－Ju Yang，Joel Emer）

由于隐藏层较多，涉及的参数数量庞大，因此深度学习需要大量的计算资源和训练数据。深层神经网络是由多种类型的层组成的。卷积（convolution）层对输入数据执行一系列的数学运算。在许多情况下，完成卷积运算之后将运行一些在模型中加入的非线性激活（activation）函数，然后应用池函数对输入数据进行下采样以降低特征维数。卷积、激活和池化通常会重复多次，直到它们在最后一层完全连接并执行分类得到最终结果。

深度神经网络的建模和训练是非常耗费资源的。在 21 世纪第二个十年，需要 1000 个 CPU，价值超过 100 万美元，才能创建一个"人工大脑"，这个"人工大脑"通过深度学习可以很好地检测猫的图像[15]。如今，使用云计算和基于 GPU 的硬件进行深度学习，使得开发速度更快、成本更低廉。开发人员通常不会从头开始训练他们的模型，而是采用一个预训练过的通用模型，并针对他们的具体问题进行改进，这种方法被称为迁移学习（transfer learning）。

现在已经提出了几种流行的模型或深度神经网络结构。其中最受欢迎的是深度卷积神经网络（AlexNet），它在 2012 年著名的 ImageNet 挑战赛中的表现明显优于其他竞争对手[16]，并且可以说是引导深度学习革命的最重要的创新。ImageNet 是一个大型的手工注释数据库，包含超过 2 万个类别、1400 余万张图片，它已经成为衡量深度学习模型的标准数据集[17]。AlexNet 由 5 个卷积层和 3 个全连接层组成，在每个卷积层后应用修正线性单元（rectifier linear unit，ReLU）激活函数。另一个值得注意的体系结构是深度残差网络（ResNet），它基于残差网络，使用深度很大的网络结构模型来获得出色的结果，但不会受到深度模型中常见的退化的影响[18]。AlexNet 和 ResNet 结构分别如图 7.10 和图 7.11 所示。

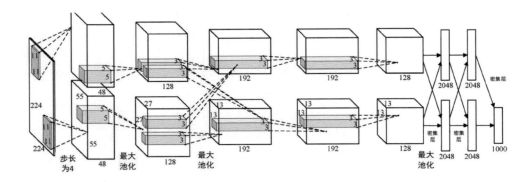

图 7.10　AlexNet 结构（参考文献："Optimized Compression for Implementing Convolutional Neural Networks on FPGA", by Min Zhang, Linpeng Li, Hai Wang, Yan Liu, Hongbo Qin, and Wei Zhao, 2019, Electronics, 2019, 8(3), p. 295. © 2019 Min Zhang, Linpeng Li, Hai Wang, Yan Liu, Hongbo Qin, and Wei Zhao）

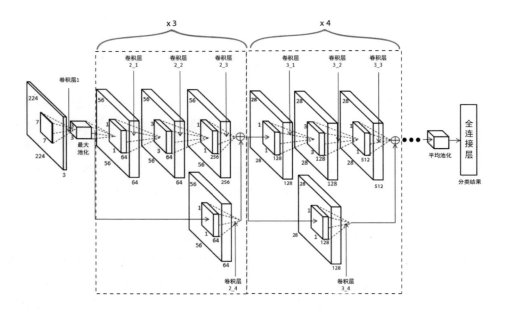

图 7.11　具有 50 层残差网络的 ResNet 结构 RestNet-50（参考文献："CNN-Based Multimodal Human Recognition in Surveillance Environments", by Ja Hyung Koo, Se Woon Cho, Na Rae Baek, Min Cheol Kim, and Kang Ryoung Park, 2018, Sensors, 2018, 18(9), p. 30-40. © Ja Hyung Koo, Se Woon Cho, Na Rae Baek, Min Cheol Kim, and Kang Ryoung Park）

深度学习中的一个热门话题无疑是生成对抗网络(generative adversarial networks，GAN)[19]。如图7.12所示，生成对抗网络使用两个目标相反的网络，即生成器(generator)网络和判别器(discriminator)网络，这两个网络在训练时相互竞争，直到达到平衡。生成器的目标是从随机噪声向量中生成样本来"欺骗"判别器，而判别器的目标是区分这些输入是真的还是假的。因为生成器的参数比用于训练的数据量少得多，所以生成器必须捕获并"压缩"数据的本质来正确生成样本。虽然这个想法听起来很简单，但使用生成对抗网络实际上并非那么简单，它很难训练，难以达到收敛[20]。然而，生成对抗网络在半监督学习(semi-supervised learning，即从大部分未标记、少部分标记的数据中学习)中取得了令人印象深刻的实验结果。这使得生成对抗网络成为一种很有前景的技术，可以进一步推动深度学习发展。

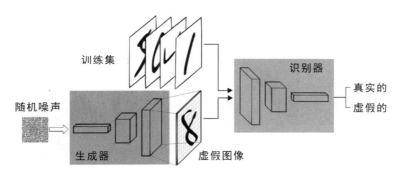

图7.12 生成对抗网络(© 2017 Thalles Silva)

7.3.1 深度学习在SDV中的应用

在将深度学习应用于SDV的背景下，在SDV开发领域有两种主要的开发模式。第一种模式是应用深度学习来改进SDV过程链中的特定任务，也称为语义抽象学习(semantic abstraction learning)。另一种模式是端到端学习(end-to-end learning)，即以原始传感器数据为输入，以汽车控制命令为输出，采用深度学习的方法学习整个中间过程。

7.3.1.1 语义抽象学习

语义抽象学习是指在模块化水平上学习或学习特定任务。这里的术语"模块"并不一定意味着是一个单独的组件，它也可以是一组"语义上有意义"的组件，这些组件组合在一起就有了特定的功能，比如目标分类。以目标分类模块为例，计算机通过学习该模块的输入和输出，寻找其深层神经网络模型的最佳参数。在这种情况下，典型的输入是原始图像数据或三维点云,具体取决于使用的传感器。输出可以是被检测对象的类别,例如行人、汽车等,也可以是具有相应置信度的候选类,可能还有它们的坐标或边界框。其余的处理组件超出了学习的范围,它们不会被深度学习"替代"。

7.3.1.2　端到端学习

端到端学习是从输入(原始传感器数据)到输出(汽车控制命令)的整个处理过程。与语义抽象学习不同,端到端学习旨在完全模拟人类的决策过程和驾驶行为,基于传感器对环境的感知,可以在特定情况下像人类驾驶员一样发出行车指令。换言之,端到端学习是一种从整体解决复杂的 SDV 问题的替代方案,这种方案不需要像标准工程原理式的解决方案那样进行问题的分解[21]。

7.3.2　未解决的问题

深度学习的成功,特别是在图像和语音识别方面的成功,促使研究人员和工程师们对该技术开展了深入的实验,以解决 SDV 开发中的一些难题,或者改进现有的解决方案。深度学习已经被用来改善 SDV 感知,例如行人检测[22]、定位[23],甚至基于端到端学习来学习了整个数据处理和决策过程[24]。

尽管如此,一些重要问题仍未得到解决,例如:深度学习在多大程度上可以安全地部署在具有安全关键性的应用程序(例如 SDV)中?换句话说,该技术如何适应当前和未来的安全标准,例如 ISO 26262 或国家法规?深度学习实现的功能在本质上是通过巨大的参数向量完成的,这对人类而言是完全无法理解的。到目前为止,这与安全关键应用的工程设计方法完全相反,后者要求对功能进行透彻了解,并已知其局限性、潜在的危害等。

另一个未解决的问题是两种学习范式(语义抽象与端对端)中的哪一种将使我们最快进入 5 级自动化?由于现有的学习方法可能无法拓展到任意复杂的任务,因此使用非传统的端到端方法可能是必要的。但批评这种方法的人认为,这种方法可能需要比语义抽象更大的训练数据集,因此几乎无法控制系统故障的可能性[25]。

7.4　小结

本章探讨了 SDV 技术在运输环境和其他环境中最有前景的应用案例。无人驾驶汽车是其中的经典用例,但是正如我们所见,它的相对复杂性意味着它可能是最后一个达到 5 级自动驾驶水平的应用案例。其他运输用例,例如公共交通工具和"最后一公里"配送汽车，由于其运营环境规模有限，似乎更可能实现 5 级自动驾驶。除了运输以外，SDV 技术有望彻底改变农业，并可能成为用于安全巡逻等用途的自主机器人的基础。它还将对自主救援机器人的性能产生重大影响，这种机器人旨在替代或补充暴露在危险情况下的工作人员。

我们继续对比了 SDV 开发的三种开发策略，即演化型、革命型和转化型方法。这些方法通常分别反映了传统汽车制造商、跨国技术公司和初创公司的理念。转化型方法可能是实现完全自动化的最快方法，但是这主要是由于典型的操作环境规模较小及示例受限所导致的。相比之下，演化型方法需要很长时间才能实现完全自动化，但是最终的 SDV 将能够在任何环境下运行，并且将在全球范围内销售，符合所有国际安全标准。

最后，我们研究了深度学习对提升 SDV 开发速度的革命性影响。语义抽象学习方法有望为解决诸如感知等问题提供出色的解决方案，而端到端学习方法可能会实现 SDV 完美地模仿熟练的驾驶员控制汽车。

参考文献

[1] D. Baker and Scientific American. *Inventions from Outer Space: Everyday Uses for NASA Technology*. Universal International，2000.

[2] Martin Joerss，Jürgen Schröder，Florian Neuhaus，Christopher Klink，and Florian Mann. Parcel delivery: The future of last mile. McKinsey & Company，2016.

[3] European Commission. Statistical pocketbook 2018 - EU transport in figures. https://ec.europa.eu/transport/sites/transport/files/pocketbook2018.pdf.［accessed 20 - May - 2018］.

[4] ITF. Managing the transition to driverless road freight transport. https://www.oecd-ilibrary.org/content/paper/0f240722-en，2017.［accessed 24 - Dec - 2018］.

[5] Arturo Davila，Eduardo del Pozo，Enric Aramburu，and Alex Freixas. Environmental benefits of vehicle platooning. Technical report，SAE Technical Paper，2013.

[6] John Walter. Help wanted: How farmers are tackling a labor shortage. https://www.agriculture.com/farm-management/estate-planning/help-wanted-how-farmers-are-tackling-a-labor-shortage.［accessed 24 - Dec - 2018］.

[7] Keiji Nagatani，Seiga Kiribayashi，Yoshito Okada，Kazuki Otake，Kazuya Yoshida，Satoshi Tadokoro，Takeshi Nishimura，Tomoaki Yoshida，Eiji Koyanagi，Mineo

Fukushima, et al. Emergency response to the nuclear accident at the Fukushima Daiichi nuclear power plants using mobile rescue robots. *Journal of Field Robotics*, 30(1):44–63, 2013.

[8] Alan FT Winfield, Marta Palau Franco, Bernd Brueggemann, Ayoze Castro, Miguel Cordero Limon, Gabriele Ferri, Fausto Ferreira, Xingkun Liu, Yvan Petillot, Juha Roning, et al. Eurathlon 2015: A multi-domain multi-robot grand challenge for search and rescue robots. In *Conference Towards Autonomous Robotic Systems*, pages 351–363. Springer, 2016.

[9] DARPA. DARPA robotics challenge (DRC) (archived). https://www.darpa.mil/program/darpa-robotics-challenge. [accessed 20-May-2018].

[10] Sven Beiker. *Deployment Scenarios for Vehicles with Higher-Order Automation*, pages 193–211. Springer Berlin Heidelberg, Berlin, Heidelberg, 2016.

[11] Yaniv Taigman, Ming Yang, Marc'Aurelio Ranzato, and Lior Wolf. Deepface: Closing the gap to human-level performance in face verification. In *Proceedings of the IEEE conference on computer vision and pattern recognition*, pages 1701–1708, 2014.

[12] Aäron Van Den Oord, Sander Dieleman, Heiga Zen, Karen Simonyan, Oriol Vinyals, Alex Graves, Nal Kalchbrenner, Andrew W Senior, and Koray Kavukcuoglu. Wavenet: A generative model for raw audio. In *SSW*, page 125, 2016.

[13] Mohammad Havaei, Francis Dutil, Chris Pal, Hugo Larochelle, and Pierre-Marc Jodoin. A convolutional neural network approach to brain tumor segmentation. In *International Workshop on Brainlesion: Glioma, Multiple Sclerosis, Stroke and Traumatic Brain Injuries*, pages 195–208. Springer, 2015.

[14] Collins. Artificial intelligence definition and meaning. https://www.collinsdictionary.com/dictionary/english/artificial-intelligence. [accessed 24-Dec-2018].

[15] D Hernandez. Now you can build Google's $1 million artificial brain on the cheap. Wired, 6(3):413–421, 2013.

[16] Alex Krizhevsky, Ilya Sutskever, and Geoffrey E Hinton. Imagenet classification with deep convolutional neural networks. In *Advances in Neural Information Processing Systems*, pages 1097–1105, 2012.

[17] Jia Deng, Wei Dong, Richard Socher, Lijia Li, Kai Li, and Feifei Li. Imagenet: A large-scale hierarchical image database. In *Computer Vision and Pattern Recognition*, 2009. *CVPR 2009. IEEE Conference on*, pages 248–255. IEEE, 2009.

[18] Kaiming He, Xiangyu Zhang, Shaoqing Ren, and Jian Sun. Deep residual learning for image recognition. In *Proceedings of the IEEE conference on computer vision and pattern recognition*, pages 770–778, 2016.

[19] Ian Goodfellow, Jean Pouget-Abadie, Mehdi Mirza, Bing Xu, David Warde-Farley, Sherjil Ozair, Aaron Courville, and Yoshua Bengio. Generative adversarial nets. In *Advances in Neural Information Processing Systems*, pages 2672–2680, 2014.

[20] Tim Salimans, Ian Goodfellow, Wojciech Zaremba, Vicki Cheung, Alec Radford, and Xi Chen. Improved techniques for training GANs. In *Advances in Neural Information Processing Systems*, pages 2234–2242, 2016.

[21] Tobias Glasmachers. Limits of end-to-end learning. *arXiv preprint arXiv:1704.08305*, 2017.

[22] Anelia Angelova, Alex Krizhevsky, Vincent Vanhoucke, Abhijit S Ogale, and Dave Ferguson. Real-time pedestrian detection with deep network cascades. In *BMVC*, volume 2, page 4, 2015.

[23] Alex Kendall, Matthew Grimes, and Roberto Cipolla. Posenet: A convolutional network for real-time 6-dof camera relocalization. In *Proceedings of the IEEE international conference on computer vision*, pages 2938–2946, 2015.

[24] Mariusz Bojarski, Philip Yeres, Anna Choromanska, Krzysztof Choromanski, Bernhard Firner, Lawrence D. Jackel, and Urs Muller. Explaining how a deep neural network trained with end-to-end learning steers a car. *CORR*, abs/1704.07911, 2017.

[25] Shai Shalev-Shwartz and Amnon Shashua. On the sample complexity of end-to-end training vs. semantic abstraction training. *arXiv preprint arXiv:1604.06915*, 2016.

索引①

A

acceptance test 验收测试 156

activation function 激活函数 222

actuator interface 执行器接口 37

advanced encryption standard(AES) 高级加密标准 178

aleatory uncertainty 随机不确定性 94

AlexNet 深度卷积神经网络 221

anonymity 匿名性 183

artificial neural network(ANN) 人工神经网络 87

ASIL decomposition 汽车安全完整性等级分解 166

authorization authority(AA) 授权机构 183

authorization ticket 授权证书 183

automotive data and time-triggered framework(ADTF) 汽车数据及时间触发框架 124

automotive safety integrity level(ASIL) 汽车安全完整性等级 165

B

back-end 后端 69

backpropagation algorithm 反向传播算法 87

basic belief assignment(BBA) 基本置信分配 95

Bayesian filtering approach 贝叶斯滤波方法 63

belief 置信度 95

blinding attack 致盲攻击 176

brake-by-wire 线控制动器 41

---

① 位于索引词条中的数字是英文原书的页码,对应于本书正文切口处的边码。——编者注

bundle adjustment(BA) 光束法平差 74

C

camera 摄像头 24

capacitive accelerometers 电容式加速度计 34

certificate authority(CA) 证书颁发机构 182

certificate revocation list(CRL) 证书吊销列表 182

cipher-based MAC(CMAC) 基于密码的 MAC 178

client/server 客户机/服务器 128

closed-loop-HIL test 闭环硬件在环测试 155

combinatorial planning 组合规划 113

conditionally independent 条件独立 93

confidence interval 置信区间 95

controllability 可控性 166

controller area network(CAN) 控制器局域网 44

convolution 卷积 221

cooperative awareness message(CAM) 协作感知消息 186

Coriolis force 科里奥利力 32

correlative scan matching 相关扫描匹配 53

cost function 成本函数 73

crypto service manager(CSM) 加密服务管理器 177

cryptographic service engine 加密服务引擎 172

curse of dimensionality 维数灾难 66

D

dead-reckoning 航位推算 51

decentralized environment notification message(DENM) 分散环境通知消息 186

deep neural networks 深度神经网络 220

degree of conflict 置信冲突度 96

degree-of-freedom(DoF) 自由度 30

Dempster's rule of combination 登普斯特(Dempster)组合规则 96

Dempster-Shafer D-S 证据理论 94

digital certificate 数字证书 182
digital signal processor(DSP) 数字信号处理器 25
Dijkstra's algorithm 迪杰斯特拉算法 109
discriminative bags of visual words(DBoW2) 基于视觉区分词袋 54
discriminator network 判别器网络 223
disparity 视差 26
dog leg 狗腿（算法）77
drive-by-wire 线控驱动 41
D-S rule D-S规则 96

E

effective sample size(ESS) 有效样本大小 68
embedded virtualization 嵌入式虚拟化 174
end-to-end learning 端到端学习 224
enrollment authority(EA) 注册管理机构 183
enrollment credentials(EC) 注册凭据 183
epipolar geometry 核面几何 26
epipolar lines 核线 26
epistemic uncertainty 认知不确定性 95
Ethernet 以太网 44
Euclidian distance 欧氏距离 75
EVITA HSM profile 电子安全汽车入侵防护应用硬件安全模块标准 172
exposure 暴露 166
extended Kalman Filter(EKF) 扩展卡尔曼滤波器 64
exteroceptive sensors 外部感知传感器 12

F

fast laser interest region transform(FLIRT) 快速激光感兴趣区域变换 53
feature engineering 特征工程 80
features from accelerated segments test(FAST) 加速段测试的特征 54
filter-based SLAM 基于滤波的SLAM 63

frame of discernment(FoD) 判别框架 95
free-space map 自由空间地图 61
freshness value(FV) 单调计数器 178
front-end 前端 69
full SLAM 完全 SLAM 62
fuzzy set theory 模糊集理论 97

G

Gauss-Newton(GN) 高斯-牛顿 73
general/hyper graph optimization(g2o) 通用/高级图优化 56
generative adversarial networks(GAN) 生成对抗网络 223
generator network 生成器网络 223
global bundle adjustment(GBA) 全局光束法平差 54
global localization 全局定位 50
global navigation satellite systems(GNSS) 全球导航卫星系统 27
gradient descent(GD) 梯度下降法 73
graphical-based SLAM 基于图的 SLAM 70
graphics processing unit(GPU) 图形处理单元 39

H

hardware security module(HSM) 硬件安全模块 172
hardware-in-the-loop(HIL) 硬件在环 155
hazard analysis and risk assessment(HARA) 危险分析和风险评估 165
hazardous events 危险事件 165
histogram of oriented gradient(HOG) 方向梯度直方图 81

I

importance sampling 重要性采样 65
independent likelihood pool 独立似然池 93
independent opinion pool 独立意见池 93
inertial measurement units(IMU) 惯性测量单元 30

information fusion 信息融合 90
integration testing 集成测试 153
iterative closest point(ICP) 迭代最近点 52

J

jamming attack 干扰攻击 176

K

Kalman filter 卡尔曼滤波器 63
landmark maps 特征/地标图 59

L

large‐scale direct monocular SLAM(LSD‐SLAM) 基于直接法的大范围单目 SLAM 55
Levenberg‐Marquardt(LM) 利文贝格-马夸特法 73
lidar 激光雷达 17
line map 线地图 61
linear opinion pool 线性意见池 94
local bundle adjustment(LBA) 局部光束法平差 77
localization 定位 50
loop closures 回环检测 52
low‐voltage differential signaling(LVDS) 低压差分信号 25

M

mass function 质量函数 95
maximally stable extremal regions(MSER) 最大稳定极值区域 84
maximum a posteriori(MAP) 最大后验概率 69
maximum likelihood estimation(MLE) 最大似然估计 69
mechanical gyroscopes 机械陀螺仪 31
message authentic code(MAC) 消息认证码 178
micro electro‐mechanical system(MEMS) 微机电系统 32

micro electro-mechanical system gyroscopes 微机电系统陀螺仪 32
middleware 中间件 12
multi-layer perceptron(MLP) 多层感知机 87

O

objective function 目标函数 73
odometer 里程计 34
odometry sensor 里程计传感器 29
Olson scan matching 奥尔森扫描匹配 53
online SLAM 在线 SLAM 62
open-loop-HIL 开环硬件在环测试 155
optical gyroscopes 光学陀螺仪 31
over-the-air(OTA) update 远程更新 195

P

particle degeneracy 粒子退化 67
particle impoverishment 粒子贫化 67
path planning 路径规划 112
payload data unit router(PduR) 有效载荷数据单元路由器 177
penetration testing 渗透测试 184
photonic mixer device(PMD) 光子混频器 27
piezoelectric accelerometer 压电式加速度计 34
pignistic probabilistic transformation pignistic 概率变换 97
plausibility 合理性 95
PLICP 点到线的距离度量的 ICP 53
point-based map 基于点的地图 61
pooling 池化 221
pose-constraint map 位姿约束图 60
possibilistic approach 概率方法 97
power set 动力装置 95
probabilistic conflict redistribution rule No.6(PCR6) 第六类概率冲突再分配规则 96

proprioceptive sensors 本体感知传感器 12

pseudonymous 假名 183

pseudonymous certificate 假名证书 183

public key infrastructure(PKI) 公钥基础设施 182

R

radar 雷达 15

random forest 随机森林 86

Rao–Blackwellized particle filter(RBPF) Rao–Blackwellized 粒子滤波 67

rectifier linear unit(ReLU) 修正线性单元 222

relational map 关系图 60

relative localization 相对定位 50

relay attack 中继攻击 176

replay attack 重放攻击 176

ResNet 深度残差网络 222

robot kidnapping problem 机器人绑架问题 50

robot operating system(ROS) 机器人操作系统 122

root authority(RA) 根权限 183

S

safe state 安全状态 167

Sagnac effect 萨奈克效应 31

sampling–based planning 基于采样的规划 113

scale–invariant feature transform(SIFT) 尺度不变特征变换 82

scan matching 扫描匹配 52

secure boot 安全启动 172

secure debug 安全调试 174

secure hardware extension(SHE) 安全硬件拓展 172

secure key storage 安全密钥存储 172

secure onboard communication(SecOC) 安全车载通信 177

security–aware hazard and risk analysis(SAHARA) 安全意识危险和风险分析 171

semantic abstraction learning 语义抽象学习 224

semi-supervised learning 半监督学习 223
sender/receiver 发送器/接收器 128
sequential Monte Carlo(SMC) 序贯蒙特卡罗 65
severity 严重性 166
shortest path problem 最短路径问题 109
software partition 软件分区 144
software-in-the-loop(SIL) 软件在环 154
sparse bundle adjustment(SBA) 稀疏光束法平差 56
spoofing attack 欺骗攻击 175
steer-by-wire 线控转向器 41
stereo large-scale direct SLAM(S-LSD-SLAM) 基于直接法的大范围双目SLAM 55
STRIDE 一种威胁建模方法 171
support vector machine(SVM) 支持向量机 85
system testing 系统测试 154

T

throttle-by-wire 线控油门 41
time-of-flight/TOF cameras 飞行时间摄像头 27
trajectory planning 轨迹规划 112
transfer learning 迁移学习 221
trilateration 三边测量法 28
truck platooning 卡车队列 212
trusted platform module(TPM) 可信平台模块 173

U

ultrasonic 超声波 21
unit testing 单元测试 153
unlinkability 不可链接性 183
unobservability 不可观测性 183
unscented Kalman filter(UKF) 无迹卡尔曼滤波器 64
unscented transformation(UT) 无迹变换 64

V

V – model V 模型 163

vehicle's central gateway 汽车中央网关 137

vehicle – to – everything(V2X) 车与万物通信网络 185

vehicle – to – infrastructure(V2I) 车与基础设施互联 185

vehicle – to – network(V2N) 车与网络互联 185

vehicle – to – pedestrain(V2P) 车与行人互联 185

vehicle – to – vehicle(V2V) 车与车互联 185

visual odometry(VO) 视觉里程计 54

visual SLAM 视觉 SLAM 54

W

white – box test 白盒测试 153

windowed bundle adjustment 窗口光束法平差 54